라캉의 주도로 1951년부터 매주 사적으로 열리던 세미나는 그가 SPP로부터 '파문(라캉 자신의 표현)'당한 이후 1953년부터 파리 생탄 병원에서의 공개적인 세미나로 전환되고, 그 뒤 그가 사망하기 직전까지 이어진다. '프로이트로 돌아가자'라는 말로 요약될 수 있는 이 시기 라캉의 입장은 마치 소피스트들에 맞서 제자들에게 산파술을 가르치던 소크라테스의 입장과 흡사한 것이었다. 같은 해 라캉의 가장 유명한 글 중 하나인 '로마 담화'가 나온 것 또한 우연이 아닐 것이다. 그가 독자적으로 고안한 '단시간의 세션'이라는 정신분석 실천의 방법을 둘러싼 갈등으로 라캉은 동료들과 함께 SPP를 떠나 SFP(프랑스 정신분석학회)를 결성하기에 이른다. 1960년대에 IPA 내에서의 SFP 지위에 관한 협상이 진행되었지만, 그와 그의 동료들은 제명된다.

1963년에는 파리 프로이트 학교L'Ecole Freudienne de Paris(EFP)를 설립하고, 알튀세르와 레비-스트로스의 후원 하에 고등실천연구원EPHE이라는 프랑스 지성계의 최고 기관에 새로운 '기지'를 마련하기도 한다. 그럼에도 그의 파란 많은 지적·실천적 여정은 거듭되었고, 마침내 1981년 파리에서 "고집스러웠던 저는 이제 갑니다"라는 말을 남기고 생을 마감한다. 남겨진 책으로는 그가 쓴 30여 편의 논문을 엮은 『에크리Ecrits』(1966)가 있으며, 40여 년간 이어온 라캉 세미나Seminaire를 책으로 펴내는 작업은 사후에도 그의 제자이자 사위인 자크-알랭 밀레Jacques-Alain Miller의 책임 하에 계속 이루어지고 있다. 그의 사상은 EFP 해산 이후 다시 설립된 프로이트 대의 학교Ecole de la Cause Freudienne(ECF)에서, 그리고 밀레, 알랭 바디우, 슬라보예 지젝 등이 참여하는 매체 『라캉주의자의 잉크lacanian ink』 등을 통해 계승되고 있다.

라캉,
환자와의 대화

라캉,
환자와의 대화

오이디푸스를 넘어서

NAME	Gérard Lucas
DOCTOR	Jacques Lacan
BIRTH	
RECORD	

편저　고바야시 요시키

옮김　이정민

에디투스

『라캉, 환자와의 대화』에 부쳐

백상현

라캉이 세상을 떠난 지 36년이 지난 지금 그에 대해 엇갈렸던 평가와 논쟁은 수그러들고 비로소 하나의 동의가 형성되고 있는 듯하다. 그의 정신분석 임상이 가진 반反-정신의학적 특수성이 임상 실천의 영역에서 여전한 거부감과 당혹감을 생산하고 있는 것은 사실이지만, 그럼에도 철학을 포함한 인문학 전체의 영역에서 라캉은 누구도 부정할 수 없는 하나의 고유명사가 되었다. 라캉의 이전과 이후, 우리는 인문학을 결코 동일한 시선으로 바라볼 수 없게 된 것이다. 알랭 바디우가 힘주어 말하듯, 21세기의 철학이 성립하는 가장 중요한 조건 중의 하나는 라캉과의 대결이다. 라캉이 몰락시킨 라캉 이전의 문명을 폐허의 형태로 받아들이는 싸움. 그런 다음 바로 그 잔해를 딛고 다시 일어나는 싸움이 그것이다. 라캉을 통과하지 않는다면, 우리는 진리라는 개념의 21세기적 특수성을 이해할 수 없기 때문이다. 그런 의미에서 라캉을 읽는 독자에게 라캉의 텍스트는 유령과 같다. 그는 우리의 자아가 의존하는 지식의 몰락을 촉진하는 방식으로 우리 자신의 존재를 흔들어 놓는다. 흔들리는 존재를 통해 새로움을 창안해 낼 것을 강제한다. 어떻게 그러한지 살펴보는 것으로 이 글을 시작해 보자.

자크 라캉을 읽는 목적은 독자의 수만큼이나 다양할 것이다. 임상 분석을 위해서, 미학 또는 철학에의 적용을 위해서, 정치적 혁명 이론의 세공細工을 위해서, 흔들리는 일상의 구원을 위해서, 때로는 지적 허영을 위해서, 우리는 라캉을 복사하고, 때로는 전유하고, 심지어 왜곡한다. 이러한 독서의 와중에 어떤 이들은 라캉이 말하고자 했던 바의 의미를 곧이곧대로 전수했던 자들도 있다. 아마도 자크-알랭 밀레와 같은 제자가 그러했을 것이다. 그러나 더 많은 경우 라캉은 아전인수我田引水된다. 지젝과 같은 철학자가 그 대표적일 수 있다. 바디우는 어떤가? 그는 라캉 이론의 정수만을 남기고 모든 것을 다시 발명해 냈다. 라캉적 큰사물의 존재론과 그로 향하는 위반의 정치학은 바디우를 통해 공백의 방황과 사건적 자리site-événementiel 그리고 초일자Ultra-Un의 개념으로 다시 주조된다. 롤랑 바르트의 스투디움studium과 푼크툼punctum 역시 라캉의 스크린 이론에 빚지고 있다. 장-프랑스와 리요타르의 가장 주요한 철학적 성과인 분쟁différend 역시 라캉의 증상 개념에 빚지고 있다. 바르부르크를 따라서 조르쥬 디디-위베르망이 세공했던 병리형식pathosformel과 잔존-이미지의 개념 또한 라캉의 왜상anamorphosis이론에 빚진다. 그 외에도 끝도 없이 이어지는 수많은 현대 이론가들의 작업 속에서 라캉이라는 문자는 마치 방황하는 유령처럼 떠돌며 개념적 영향력을 행사하고 있는데, 이것이 유령적인 이유는 다음과 같다.

라캉은 정신분석의 이론적 특수성을 통해서 우리에게 그 자신의 이론을 변화시켜 전혀 다른 지식을 산출해낼 것을 강제하는 변태적 생산성을 촉구한다. 뿐만 아니라, 이와 같은 위반의 생산성을 멈추지 못하도록, 그것이 끝없이 반복되도록 주체를 흔들기를 멈추지 않는다. 증상 자체가 그러하듯이 끝없이 달아나는 방식으로, 결코 포획될 수 없는 형식으로 라캉이라는 이름은 우리를 흔드는 아토포스atopos의 욕망을 실천한다. 그렇게 라캉의 유령은 도서관을 찾아오고, 책장과 책장들 사이를 배회하고 있었다. 그는 우리가 인간에 관하여 사유하는 방식 자체에 문제를 제기했을 뿐만 아니라, 그러한 문제제기의 언어적 형식까지도 위협하는 극단적인 인문학 실천의 사례를 남기고 떠났기 때문이다. 그가 남긴 이러한 라캉적 패러다임의 효과는 실로 파괴적이었다. 그는 자신의 지식을 그대로 전수받는 것을 금지했을 뿐만 아니라, 그로부터 새로운 지식을 산출해 내는 것에 만족하는 것조차 금지했기 때문이다. 라캉의 흔적이 유령적 기능을 완수하는 것은 바로 이러한 금지 속에서 우리의 지적 영혼을 끝없이 다시 찾아와 처음부터 다시 시작할 것을, 모든 것이 끝난 장소에서 매번 다시 출발할 것을 촉구하는 환청幻聽의 형식을 통해서였다.

대범하게도 그는 말하지 않았는가? 정신분석은 과학이 아니라고. 과학, 즉 지식savoir이 아니라면 그것은 무엇인가? 라캉은 명백히 하고 있다. 그것은 실천pratique이라고 말이다. 그렇다면 무엇을 위한 실천인가? 정신분석은 지식의 체계 자체에 대항하는 실천이었다. 무엇 때문에 대항하는 것인지에 대한 질문은 무색할 뿐이다. 왜냐하면 인간이란, 또는 인간이 스스로에 대해서 규정하는 이미지란 바로 이 지식에 근거하여 정립되는 것이기 때문이다. 따라서 우리는 우리 자신을 지식을 통해 규정하면서 스스로를 이해하는 동시에 그와 같은 이해의 틀 속에 감금된다. 이것은 개별적 무의식의 차원으로부터 문명의 거시적 차원에 이르기까지 동일한 패턴을 갖는다. 결국 라캉이 소외aliénation라고 불렀던 것은 인간이 스스로 발명해 낸 지식에 의해 자신의 존재를 남김없이 분절당하여 소진되는 사태를 가리키는 것에 다름 아니었다.(첫 번째 죽음) 그러나 실재le Réel는 또한 상징화에 저항하는 위대한 힘을 소유한다. 실재란 표기되지 않기를 멈추지 않는qui ne cesse de ne pas s'écrire 역능 그 자체이기 때문이다. 라캉이 욕망의 원인이라고 부르는 대상 a가 근절되지 않는 방식으로 무의식을 지배할 수 있는 이유가 여기에 있다. 우리는 실재의 끝자락인 그것의 유령적 매혹에 사로잡히기를 멈출 수 없는 것이다.(두 번째 죽음) 그리하여 인간은 이러한 두 죽음 사이, 두 극단 사이를 배회하는 꼭두각시 인형극의 배우가 된다. 지식과 그것의 구멍 사이를 배회하는 반복운동의 존재가 우리 인생의 모습이다. 지식의 백과전서적 체계(바디우)의 권력에 포획당한 주체는 그렇게 언어와 공백 사이에서, 법과

9

위반 사이에서 진동하는 반복운동에, 방황에 직면해 있을 뿐이다. 이로부터 또 하나의 지식을 취하는 것은 소외의 반복운동을 멈추는 것이 아니라 또 다른 소외의 지평으로 나아가는 것에 다름 아니라는 사실이 추론된다. 정신분석이 실천이어야만 하며, 지식이 될 수 없다는 라캉의 단호한 주장은 바로 이러한 사태에 근거했다. 또 다른 지식에 증상을 내어주는 것은, 또 다른 이데올로기에 주체를 내어주는 것을 의미하기 때문이다.

그리하여 지식이 아닌 실천이라는 명제가 최종적으로 도출된다. 지식이란 현재의 대타자Autre의 권력을 가늠하고, 그것을 분석하여 출구를 찾아내는 수준까지만 사용되는 도구와 같은 무엇이어야 하는 것이다. 한 번 사용된 혁명적 지식은 그 스스로 이데올로기를 구성하면서 대타자의 권력을 취하려 할 것이기 때문이다. 따라서, 우리는 지식을 통해 지식으로 나아가는 것이 아니라, 지식을 통해 새로운 현실의 발명으로, 무로부터의 창조로, 그것의 끝없는 시지프스적 반복으로 나아가야 한다. 라캉이 아주 오래 전부터 엑스-니힐로ex-nihilo의 과정만이 진리라고 말했던 것의 의미가 바로 이것이었다.

"라캉, 환자와의 대화"라고 이름 붙인 이 책의 한국어판

출간에 즈음하여 이 글을 쓰는 필자가 강조하려는 진리 역시 동일한 것이다. 이 텍스트는 라캉이 직접 환자를 진료하며 진행하였던 말(담화) 치료 과정의 디테일이 담긴 아주 중요한 기록이다. 국내 라캉 학계의 핍진한 자료의 수준을 고려한다면 그 소중함은 더욱 빛난다고 할 수 있다. 마치 숨겨진 보석처럼, 이 책에 담긴 자료와 그에 대한 고바야시 요시키의 친절한 해설은 라캉의 흔적을 되새기며 라캉과의 대화를 다시 시작하는 데에 단초가 되어줄 수 있을 것이다. 특히, 이 텍스트는 라캉의 사유가 최후의 급진성을 보여주던 1976년에 기록된 것이다. 이 시기를 즈음해서 라캉은 자신이 그동안 정립해 왔던 지식의 체계를 하나씩 허물어 버리는 발언을 서슴지 않게 된다. 정신분석은 지식이 아니라 실천이라는 명제가 더욱 강조되는 시기도 이 시점에서였다. "프로이트로 돌아가자"라는 그의 모토가 프로이트의 지식으로 돌아가자는 말이 아니라, 프로이트가 자신의 지식을 도구로 문명의 표면에 뚫어버린 구멍으로, 그 공백의 가장자리로 돌아가 문명 자체를 다시 발명해 내자는 것이었음이 보다 분명히 드러나는 시기였다.

그리하여 라캉은 스스로 만든 지식의 체계에 스스로

갇히지 않기 위한 노년의 혁명을 시작하고 있었던 것이다. 이와 같은 지적 혁명의 흔적은 그가 이 텍스트에 등장하는 정신병 환자 제라르와 나누는 대화를 통해서도 드러나고 있다. 환자의 말을 의사의 지식-틀 안으로 끌고 들어와 고정시키지 않으려는 긴장과 노력을 보여주는 라캉에 주목해 보라. 그는 환자가 스스로의 말들을 재료로 하여 자신만의 고유한 영혼의 건축물을 축조해낼 수 있도록, 일종의 말의 예술가가 될 수 있도록, 시인이 될 수 있도록 돕고 있을 뿐이다. 의사의 지식이 환자의 영혼을 지배하지 않도록 필사적으로 노력하는 라캉의 조심성이 드러나고 있지 않은가? 이처럼 짧은 대화 치료의 기록으로부터 우리는 라캉이 평생을 추구하던 인간학을 다시 만나게 된다. 인간이라는 개념은 각자의 영역에서 재발명되는 것이지 타자에 의해서 규정되는 것이 아니라는 생각. 가장 엄격한 라캉적 윤리인 이것은 이 텍스트의 곳곳에 스며들어 책 자체를 지탱하고 반짝이게 만드는 아름다운 빛이라고 할 수 있다. 오늘날의 정신의학이 실증과학의 이름으로 인간의 정신을 획일성 속에 가두어 버리려는 세태에 비추어 볼 때에 라캉의 이러한 노력은 더욱 빛을 발한다. 그런 의미에서 이 책은 또한 자본 담론과 결탁한 정신의학 담론의 권력에 저항하는 정치적 텍스트로 읽힐 수도 있다. 제약산업의 거대자본에 지배되는 미국 정신의학계가 발행한 DSM, 즉 '정신질환 진단 및 통계 편람'에 의해서 상징화되어 포획되는 우리의 영혼에 보다 개방된 가능성을 찾아주려는 정치적 투쟁이 라캉의 정신분석 이론이 추구하는 핵심적 윤리이기 때문이다.

이 책에 등장하는 환자와의 대화 내용은 바로 이러한 라캉적 정치성의 연속 속에서 파악될 때에만 그것이 가진 고유한 가치가 드러난다. 대화 과정 어디에도 환자는 비정상인으로 취급당하고 있지 않음에 다시 주목해 보라. 라캉은 자신이 속한 정상성의 세계로 환자를 초대하려고 하지 않는다. 오히려 그 반대였다. 라캉은 환자가 속한 세계로 찾아가 환자 자신만의 고유한 세계가 언어적 활동 속에서 새롭게 창안되기를 기다리고 있다. 그러한 방식으로 라캉은 환자의 고통이 시작된 텅 빈 공백의 장소로부터 새로운 세계가 스스로 축조될 수 있기를 도우려는 것이다. 그런 의미에서 이 책은 치료의 과정이 아닌 창조의 과정에 대한 기록, 환자만의 고유한 세계에 대한 존중의 기록이라고 할 수 있다.

그리하여 필자는 동일한 윤리를 이제 이 책을 읽기 시작할 독자에게도 요청하려 한다. 라캉을 읽는다는 것은, 그와의 대화를 시작한다는 것은, 그가 제시하는 지식을 통해 라캉에게 사로잡히고자 하는 목적에 있지 않다는 사실. 이것에 유념할 것을 요청한다. 우리가 라캉을 읽는 것은 우리 자신을 우리 자신의 언어의 의해서 재발명하는 것에 목적을 가질 뿐이니까 말이다. 라캉은 바로 이 "우리 자신의 언어"를 발명하기 위한 선결 조건인 "타자의 언어로부터의 해방"을 위해 사용되는 도구이며 무기일 뿐임을 잊지 말자. 이 책을 통해 라캉이 우리에게 주려는 것은 값비싼 광물로서의 보석이 아니라는 사실. 그가 주려는 것은 오히려 속이 빈 보석상자이며, 그 내부를 채우는 공백의 반짝임이다.

라캉의 뛰어남은 공백이 그곳에 있음을 알려주는 반짝임을 만들어 내는 기술이었던 것이다. 그리하여 우리들 각자가 스스로의 보석을 창조해 내도록 유도하고, 그런 다음 그걸 담을 수 있도록 해주는 보석상자. 물론 누군가에게 이것은 텅 빈 허무일 수도 있다. 그러나 다른 누군가에게 이것은 진정한 새로움이 시작될 가능성의 장소가 된다. 이제 막 이 책을 펼쳐든 독자, 심리치료를 공

부하거나, 철학을 연구하려는, 때로는 미술과 문학 그리
고 영화 이론에 관심을 갖는 독자들, 그러니까 각자의
영역에서 다양한 지적 욕망을 소유했을 독자들에게 이
책은 종착지가 아닌 시작점, 그것도 아주 미스테리한 시
작점이 되어주기를 기대할 뿐이다. 라캉을 이해하기 위
한 자료이기보다는, 라캉을 욕망하기 위한 뜻밖의 사건
이기를, 이 작은 텍스트에 기대해 본다.

파리8대학에서 학사, 석사, 박사 학위를 취득했다.
학위 논문 제목은 「리요타르와 라캉」이다.
고려대학교, 이화여자대학교, 숭실대학교 등에서 강의했다.
저서로는 『라캉의 루브르』, 『고독의 매뉴얼』, 『라캉 미술관의 유령들』,
『헬조선에는 정신분석(공저)』, 『속지 않는 자들이 방황한다』, 『라캉의 인
간학』이 있다.

한국에 라캉의 이름이 본격적으로 거론되기 시작한 것은 1990년대 초반이었다. 이후 『에크리écrits』와 『세미나 séminaire』에 실린 몇 개의 논문들이 『욕망 이론』이라는 이름으로 번역 출간되었고, 포스트모더니즘의 유행과 슬라보예 지젝, 자크 데리다, 알랭 바디우 같은 이론가들이 유명세를 타게 되면서 라캉은 현대철학, 그중에서도 프랑스 현대철학을 이해하는 데 빼놓아서는 안 될 사상가가 되었다.

그런데 문제는 앞서 말한 『욕망 이론』과 『세미나 1』 『세미나 11』 그리고 몇 개의 논문을 제외하고는 그의 저작이 2016년 현재 거의 번역되어 있지 않다는 데 있다. 따라서 라캉의 저작을 접하려면 프랑스어판 원문을 보거나 최소한 영문판, 일본어판 등을 보아야만 했고, 이로 인해 라캉이라는 인물과 그의 이론이 신비화되는 것과 함께 라캉주의 정신분석학이 엘리트주의 학문이라는 악명 아닌 악명을 얻게 되는 결과를 가져오게 되었다. 물론 라캉을 다룬 이론서들이 없다는 것은 아니다. 하지만 이는 어디까지나 2차 저작이라는 한계가 있고, 저자마다 라캉 이론에 대한 해석이 상이한 경우가 있어 읽는 사람의 입장에서는 라캉 이론을 공부하는 것이 여간 고역이 아닐 수 없다. 이러한 상황에서 라캉이 강조한 이른바 '정신분석의 실천'이 어떤 식으로 이루어지고 있는지는 더욱 알기 힘든 일이라 할 수 있겠다.

한국에서 라캉주의 정신분석학은 프로이트와 마찬가지로 철학이나 예술론, 특히 문학이론에 가깝게 다루어지고 있다 해도 과언이 아닐 것이다. 라캉을 인용하는 대부분의 학위논문과 학술지 논문이 철학과 예술 분야를 다루고 있는데, 정작 원래의 자리라고 할 수 있는 정신분석 임상에서는 거의 논의되고 있지 않다. 그러나 정신분석학은 임상에서 출발했고, 임상에서 도출된 사례들이 정신분석학을 지탱해 주는 학문적 기둥이라는 점에서 임상이 부재한 한국의 현 상황은 문제적이라 할 수 있겠다. 물론 이러한 상황에서도 일군의 라캉주의 정신분석학자들이 임상을 병행하고 있음을 언급해야만 할 것이나, 안타깝게도 이는 전체적으로 봤을 때 극히 미미한 수준이라는 점에서 아쉬움을 남긴다. 그러한 의미에서, 이 책이 임상을 주로 다루고 있다는 것은 라캉 이론에 대한 깊은 이해를 돕게 할 것임은 물론 지금까지 한국의 라캉 이론 수용에서 결락된 부분을 어느 정도 채워줄 수 있을 것이라 생각된다.

차 례

일러두기

이 책은 일본의 라캉주의 정신과 의사인 고바야시 요시키小林芳樹가 편역을 하고 내용을 덧붙인 『ラカン 患者との対話—症例ジェラール、エディプスを超えて』(人文書院, 2015)를 번역한 것이다. 대체로 원문에 충실하게 번역하고자 하였으나, 병명(예컨대 통합실조증→조현병) 등에 차이가 있어 이를 한국의 상황에 맞게 바꾸었다. 또한, 라캉의 이론을 논할 때 일반적으로 사용되는 용어인 '상상계', '상징계', '실재계' 등이 오역이라는 지적이 있으나, 한국의 라캉주의 이론가들 사이에서 용어 통일이 이루어지지 않은 점, 그리고 고바야시가 위상학적인 관점에서 이 용어들을 다루고 있다는 점, 마지막으로 원문에 충실함을 기하기 위해 있는 그대로 번역하였다. 덧붙여 정신분석학의 용어들 역시 소소한 부분에서 일본과의 차이가 있으나, 번역할 때는 주로 한국에 발간되어 있는 프로이트 전집의 번역어를 참고하였고, 일반적으로 사용되는 라캉의 번역어 (주이상스 등) 를 사용하였다. 또, 가능한 한 인물명과 저서명에 원어를 병기하도록 하였다.

정신과 의사나 임상심리사는 환자가 하는 말에 주의를 기울이지만, 정신분석가는 환자가 말하지 않은 것에 관심을 갖는다.

자아심리학과 발달심리학, 인지행동요법에서는 정신과 진찰을 받는 환자의 자아가 약하기 때문에 이를 강화하여 사회에 적응할 수 있는, 이른바 보통의 수준까지 성장시키는 것을 치료라 한다. 이에 비해, 라캉주의 정신분석에서는 이와는 반대로 환자의 자아=자기 이미지가 너무 강하기 때문에 그 자아에 의해 스스로가 소외되어 있다고 생각한다.

1950-1960년대, 구조주의적 정신분석가 시대의 라캉은 '프로

이트로의 귀환'이라는 테제를 내걸고 정신의학이나 자아심리학이 아닌, 프로이트라는 천재에 의해 창안되었던 정신분석 실천의 원점으로 되돌아갈 필요성을 일관되게 주장하였다. 그중에서 라캉이 특히 강조한 것은 두 가지였다.

먼저, 첫 번째는 환자가 하는 말에 세심하게 주의를 기울이라는 것이다.

조작적 진단 DSM(Diagnostic and Statistical Manual of Mental Disorders; 정신장애의 진단·통계 매뉴얼)으로 상징되는, 현재 유행하는 생물학적 정신의학에서는 인격장애나 발달장애를 시작으로 하여 보통 'ㅁㅁ장애'라는 진단명이 붙는다. 이 '장애'라는 말은 행동주의 심리학에서 유래된 것인데, 1950년대는 행동주의 심리학이 정신과 임상에서 응용되기 시작한 시기였다. 그러나 라캉은 서두에서 말한 테제(프로이트로의 귀환)에 의거하여 행동에서부터 환자의 병태를 파악해 가려는 방법론에 대해 경종을 울리고자 했다. 행동주의 심리학에는 동물과 인간을 구분하는 가장 큰 요소인 언어가 배제되어 있기 때문에, 정신과 환자와 동물이 결국 동렬로 취급받게 되는 사태가 벌어질 수 있음을 라캉은 당시부터 우려하고 있었다.

그로부터 반세기가 지난 지금의 정신과 임상(특히 미국, 영국, 일본) 현장은 어떠한가. 정신과 의사와 정신의학자들의 관심은 환자의 병력이나 그가 하는 말이 아니라 동물 일반의 뇌에 집중되고 있다. 물론 그들도 인간과 다른 동물의 뇌를 동렬에 놓고 취급하고 있지는 않겠지만, 이러한 발상에 의거해서 생각할 경우 환자 개개인의 개별성이라는 개념은 완전히 배제된다. 왜냐하면 정신의학자들은 A씨의 뇌, B씨의 뇌와 같이 하나하나 구분하여 인간의 뇌를 연구하지 않기 때문이다. 이에 반해 라캉주의 정신분석은 인간의 뇌 자체가 아니라 환자 한 사람 한 사람의 말, 성량, 억양 등을 실마리로 하여 각각의 역사를 재구성하는 것을 목표로 한다. 라캉의 이론은 결코 종이나 연필, 그리고 자신의 뇌에 의해서만 태어난, 요컨대 타자를 배제한 채 자폐증적으로 성립된 것이 결코 아니다. 그는 환자와의 사이에서 언어를 매개로 한 전이轉移관계를 축으로 삼아 정신분석의 언설을 구축해 나간 것이다.

앞서 말한 테제의 두 번째 의도는, 오이디푸스 콤플렉스와 거세의 개념을 정신분석 이론의 요점으로 재인식해야만 한다는 것이다.

라캉에 따르면, 프로이트 이론에서의 오이디푸스와 거세의 개념에서 중요한 것은 어머니와 아이의 근친상간적 이자二者 관계, 즉 전前 오이디푸스 관계로부터 어머니의 욕망에 종속되어 있는 아이를 해방시키고, 타자가 이해 가능한 언어를 사용하는 사회적 주체로 생성시킴으로써 이성애를 가능하게 하는 동시에 현실감을 부여하는 팔루스phallus 기능을 전수해 주는 아버지의 기능이다. 돌이켜 보면 무수히 많은 정신분석 이론에서 이렇듯 아버지의 기능을 강조하고 있는 것은 분명 프로이트와 라캉뿐이다. 반면 다른 학파의 경우 아버지가 아니라, 아이에게 애정을 아낌없이 쏟는 어머니에게 주의가 집중된다. 이에 호응하듯이 그들의 정신분석 실천에서는 분석가와 환자 사이의 전이-역逆전이 관계에 논의가 집중되는데, 역시 그 원형은 어머니와 아이라는 이자 관계에 있다.

오이디푸스 콤플렉스와 거세 개념에 거부반응(거세의 부인否認이라는 도착적 반응이라 생각된다)을 일으키는 유럽과 미국의 여러 나라와 비교하더라도 모자母子 관계가 보다 농밀한 유아적 사회 일본에서는, 당연히 예상할 수 있는 바와 같이 프로이트나 라캉의 이론이 아니라 전이-역전이 이론이 주류였다. 실제로 라캉이 말하고 있는 바와 같이, 프로이트의 오이디푸스 이론은 유대-기독교 같은 일신교의 전통을 가지는 사회에서는 타당하지만, 그 밖의 문화권에서도 동등한 가치를 지니는 보편적인 것이라고 할 수는 없다. 따라서 앞에서 말한 바와 같은 일본의 반응에도 이유가 없는 것은 아니다. 그러나 정도의 차이가 있다고 해도, 아이를 어머니의 욕망에 대한 종속관계에서 해방시켜 사회적 주체로 변모하도록 하는 아버지의 기능이 지닌 중요성이 일본이라 할지라도 실추되는 것은 아니다. 필자는 이 책에서 포스트모던, 즉 서양 사회에서 아버지라는 것의 권위가 결정적으로 실추되었던 1970년대에 라캉이 아버지의 기능의 중요성을 이어 나가면서 기존의 오이디푸스 이론을 대신해 새롭게 창안한 보로메우스 이론Borromean theory에 대해 중점적으로 해설하고자 한다. 그리고 이는 일본에서의 정신분석을 생각하는 데에 시사하는 바가 매우 크리라고 확신한다.

이 책은 라캉이 1976년 2월에 파리 생탄 병원의 '병자 제시'(病者提示; présentation de malades)에서 대면한 제라르라는 26세의 남성 환자의 진찰기록과 그 해설을 축으로 전개된다. 병자 제시란 샤르코Jean Martin Charcot 이래 프랑스 정신의학계의 전통으로, 사전 등록한 참가자(반드시 임상가로 한정되는 것은 아니다)를 앞에 두고 정신과 의사가 행하는 공개진찰을 가리킨다. 라캉은 1941년 40세의 나이로 정신분석 카비네cabinet를 홀로 개업한 이래 정신병원에서의 근무이력은 없었다. 그렇지만 1950년대부터 1981년, 그가 사망하기 직전까지 열었던 저 유명한 세미나와 함께 병행해 왔던 것이 파리 생탄 병원에서의 병자 제시였다. 진료는 일회성이었기 때문에 통상적인 정신분석 세션과는 달리 전이의 문제를 다룰 수는 없었다. 그러나 프로이트가 정신분석 이론의 대상으로서 주로 신경증 환자를 다룬 것에 비해, 라캉은 정신병 또한 사정권에 두고 실천을 행하여 이론을 구축해 나갔다. 이러한 의미에서, 신경증적 구조를 가지고서 정신분석가가 되고 싶은 욕망을 가진 사람들이 다수 모이는 카비네와는 달리 중증의 정신병 환자가 많이 입원해 있는 정신병원에서 병자 제시를 정기적으로 해온 것이 그의 이론 형성에 중요한 영향을 끼쳤음을 쉽게 이해할 수 있을 것이다.

이 책에서 소개하는 제라르의 사례는 좋은 예로서, 라캉이 행한 정신분석 및 병자 제시 가운데 유일하게 기록이 남아있는 극히 귀중한 사례이다. 그리고 1970년대의, 말하자면 포스트모던의 물결 속에서 라캉이 그때까지 전개했던 오이디푸스 콤플렉스나 거세 개념, 아버지나 팔루스 기능을 중심으로 하는 구조주의적 정신분석—프로이트적 정신분석—에서 위상기하학位相幾何學적 정신분석—라캉적 정신분석—으로 이동해 가는 과정에서 제라르의 사례는 바로 그 중간 지점에 위치하며, 당시의 라캉이 이론을 창조해 나갈 때 중요한 발상의 원천이 되었음을 이 책을 다 읽어갈 즈음에는 이해할 수 있을 것이다.

본서는 전부 네 개의 막幕으로 되어 있다.

제1막에서는 환자 제라르의 삶의 내력과 병력을 소개한 후, 약한 시간에 걸쳐 진행된 라캉과 환자의 인터뷰 기록을 번역하여 싣는다. 제2막에서는 환자와의 대화 및 이 책 전체를 이해하는 데 필수적인 라캉의 이론을 해설하고, 제3막에서는 제1막에서 보았던 환자에 대한 라캉의 개입 의도와 이에 따른 정신분석적 해석을 설명한다. 끝으로 제4막에서는 현실감의 상실에 주목하면서 현대 라캉주의의 토픽들—보통정신병psychose ordinaire과 자폐증—에 대해 서술한다. 이 두 개의 사례 모두에서 집착執着이라는 병적인 상태가 눈에 띄는데, 그것이 만들어지는 과정은 완전히 다르다. 1970년대의 제라르 사례의 연장선상에 있는 보통정신병과 자폐증의 차이를 이해함으로써 이 책이 현대의, 특히 일본에서의 라캉주의 정신분석 실천을 생각하는 데 중요한 의미를 가진다는 사실을 알게 되기를 희망한다.

환자가 하는 말에 주목하고 그 인생을 다루는 일에 타협이 없는 인생을 산 라캉. 그 라캉에게 있어 제라르의 인생은 어떻게 비쳤던 것인가. 곧 극劇이 시작할 때가 되었다.

제1막 대화편:

라캉과 환자의 대화

DATE

1976.02 -

여기에서는, 라캉이 환자 제라르 루카Gérard Lucas와 인터뷰하기 전에 전해 받은 정보가 독자에게 우선 제시되고, 라캉과 환자가 한 대화의 일부 내용 이 이어진다. 제라르의 내력은 주치의 마르셀 체르마크Marcel Czermak의 기술을 토대로 편저자인 고바야시가 정리하였다. 대화 중의 괄호는 그가 보충한 것이다.

나이 26세, IQ 200, 그리스 조각을 방불케 하는 아름다운 청년. 형제자매가 없는 외동. 고등수학, 물리, 심리학을 전공했지만 모두 중퇴.

7세 무렵 중세의 황폐한 성에 찾아가는 꿈을 꾸었는데, 그보다 훨씬 이전에 자신이 그 성에 살고 있었다는 꿈을 같은 꿈속에서 꾸게 된다. 그러다 윤회輪廻가 존재한다는 확신과 함께 깨어났다.
12세 무렵, 자위행위를 하다가 유체이탈과 비슷한 감각을 경험.
15세 때는 학교에서의 기행과 태만, 교사와 아버지에 대한 피해망상이 현저해져서 그의 정신이상이 가족에게 알려지게 된다. 반항적인 제라르의 태도를 힘겨워한 부모의 강한 희망에 따라 H교수에게 처음으로 정신과 외래진료를 받게 된다.

아버지는 제약회사의 전속 세일즈맨으로, 단신으로 부임하여 주말에만 자택으로 돌아오는 생활을 했기 때문에 제라르는 대부분의 시간을 어머니와 둘이서 살고 있었다. 그의 어머니는 몹시 불안감이 강하고 소극적이어서 말수가 적은데다 주위의 영향을 쉽게 받았으며, 진정한 의미에서 정서적인 교류가 없었다. 아버지가 집에 돌아올 때마다 부부싸움이 끊이지 않았으며, 집안은 항상 긴장되고 불안에 가득 차 있었다. 그해 그는 유급하게 되었다.

그 무렵부터 외모에 대한 집착이 점점 강해져서, 가끔씩 어머니의 파운데이션으로 얼굴 화장을 하게 되었다. 시험에 집중하지 못했고, 일차방정식마저 이해할 수 없게 되었다. '두뇌가 멈췄다'고 말하며 수업 중에 우는 일도 여러 번 있었다.

다음 해에 바칼로레아 시험을 보지만 구두시험에 실패하여 불합격하였다. 같은 해 기초수학을 다시 이수하게 되는데, 몇 달씩 우울한 상태로 집에 틀어박혀 있었다.

17세 때(1967년)에 바칼로레아 기초수학 합격. 곧이어 서로 알고 지내던 당시 교생실습생이었던 여성 니콜 P와 연애했으나 3개월 후 실연. 우울 상태가 악화되었고, 고등수학 과정을 시작했으나 공부를 계속하는 것이 점점 어려워졌다. 1967년 11월부터 다음해 6월 사이에는 바칼로레아 철학에 합격하고 고등수학을 다시 이수하려 했으나 결국 좌절했다. 당시 그의 머릿속을 떠나지 않았던 정신과 신체에 대한 물음은 다음과 같다.

어떤 순간에 신체는 정신으로 회귀하고, 정신은 신체에 머무는 것인가? 나는 세포로 구성되어 있는데, 어떻게 해서 생물적인 것이 정신적인 것으로 옮겨가는 것인가? 뇌신경의 상호작용, 호르몬의 발달, 자율신경의 발달로부터 어떻게 하여 사고가 형성되는 것인가? 생물학에 따르면 뇌파가 존재하기 때문에 결국 사고와 지성은 외부를 향해 방출되는 일종의 전파와 같은 것이다.

18세 무렵부터는 자신이 니체나 아르토Antonin Artaud의 환생이라고 믿게 된다. 19세 즈음부터 "성기가 오그라들어 결국에는 여성이 될 것 같은 느낌"을 받게 되었고(그는 원래 자신의 성기가 보잘 것 없다는 콤플렉스를 가지고 있었다) 화장을 하는 횟수도 매일 늘어갔다.

19세 때(1969년 3월) S병원에 15일간 입원(주치의는 의사

G). 퇴원 후 정신 상태가 다시 악화되어 C병원에 1969년 9월부터 다음해 7월까지 입원. 입원 중에 여성 환자(17세 때 실연한 니콜 P와 매우 닮은 지적인 미인 D·N)에 대한 연애망상이 출현. 연애망상을 보이는 본인의 진술은 다음과 같다.

나는 D·N씨와 아주 순수한 사랑에 빠졌습니다. 그녀의 신체는 정말로 아름다웠지요. 나는 아름다움에 매료되어서 여성과 플라토닉한 연애에 빠져버리는 경향이 있습니다. 나는 탐미주의자입니다. 미적 감각에 지배되고 있는, 영원히 감동하는 어린이 같은. 나는 황홀함으로 눈을 뜨고…… (후략)

실제 D·N과 제라르의 교제는 약 2년간에 걸쳐 계속되었다. 또한 당시 그는 순진무구하고 아름다운 성聖처녀의 환시를 경험했다. 그 후에도 공부를 계속했는데, 수학물리와 심리학을 전공했지만 재차 좌절했다.
24세(1974년) 무렵부터 사고 전파(broadcast thought; 생각이 텔레파시로 타인에게 들리는 것) 망상이 나타나면서 생각이나 목소리가 밀어닥치게 되고, 생각이 끊어지거나 또는 말이 많아지지만 적절하게 말을 구사할 수 없게 된다. 의지와는 상관없이 제멋대로 닥쳐오는 생각(자생적自生的 사고)이 갑자기 나타났는데, 이는 새롭게 만들어진 언어이거나, 암호문 같거나, 수수께끼 같거나 혹은 단편적인 문장이기도 했다. 그는 머릿속에 목소리가 메아리치는 듯한 감각에 둘러싸여 있었다. 그러한 목소리들은 자신이 실제로 하는 말을 자주 부정하곤 했다. 이 밀어닥치는 말들에 자신이 생각해낸 문장(내성적內省的 사고)을 "그러나"로 이어서 마주 놓는다.

자생적 사고의 예

지적으로 형편없는 연인/일종의 인간쓰레기/잿빛의 새는 두 개의 유방을 가지고 있다/비겁한 유대인 전사/쓸데없는 군주제도/나는 푸른 새와 잿빛 새를 죽였다/위반과 관계된 것이란……/그것은 무정부제도다/그들은 나를 죽이고 싶어 한다/나는 범해졌다

자생적 사고와 내성적 사고의 예

푸른 새들은 나를 죽이고 싶어 하지(자생적 사고)만, 그러나 사랑은 스러지지 않는다.(내성적 사고)

푸른 새들은 나를 바보로 여길 테지(자생적 사고)만, 그러나 농담은 쓸데없는 것이 아니다.(내성적 사고)

비겁한assastinat 정치(자생적 사고)이지만, 그러나 효과는 결정적이다.(내성적 사고)

D씨는 친절하지(자생적 사고)만, 그러나 나는 미쳐있다.(내성적 사고)

자생적 사고와 환청 자체에도 음운적인 말놀이가 포함되어 있다. 예를 들어, sale assassinat politique(비겁한 정치적 암살), sale assistanat politique(경멸적인 정치적 원조援助) 같은 것이 그것인데, 이에 대해 제라르는 자생적 사고를 뛰어넘기 위해 의도적으로 신조어를 만들어 나가면서 공상적인 이야기나 시를 지어갔다.

❶ 말을 분해하고, 각 부분을 음소音素가 닮은 말로 변환하고, 완전히 다른 의미를 가진 말로 바꾸어 공상적인 이야기를 창조함으로써 병적 체험에 대항을 시도한다.

ex) Gérard(제라르: 그의 본명) = Geai(어치: 까마귀과의 새)+rare(희귀한) → 현실 세계에서 그는 제라르라는 이름이지만, 희귀한 어치에 관한 공상적 이야기를 의도적으로 만들어 낸다.

Le "Rideau Cramoisi(진홍색의 커튼)"[1] = Riz d'orce a
moisi(황토색 쌀에 곰팡이가 피었다) → 이로부터, 여배우가
자택에서 자신에게 옷을 입히려 하고 있는 의상 담당을
향해 "황토색 쌀에 곰팡이가 피었어요"라고 말하는 공
상적인 이야기 속의 장면이 만들어진다.

❷ 축약어를 만들어 내서 그것을 제목으로 시를 만든다.

ex) vénus(비너스)+mercure(머큐리) → vénure

écrasé(찌그러졌다)+éclaté(톱니 모양의) → écraseté

choir(떨어지다)+choix(선택) → choixre

그러나 결국 내성적 사고와 신조어 만들기로 시적·공상
적인 세계를 창조하는 것만으로는 정신병이 진행되는 것
을 멈출 수 없었고, 망상은 과대화("프랑스를 파시즘으로부
터 구해 내야만 한다", "우주의 통일이론을 발견했다" 등)되었으
며, 연애망상도 지속되어 정신병원에 입·퇴원을 반복하

---

1 알렉상드르 아스트뤽Alexandre Astruc의 1953년작 영화.—옮긴이

게 되었다. 그리고 마침내 "내가 생각하고 있는 모든 것이 텔레파시로 다른 사람들에게 들리게 되었다"는 생각에 사로잡히고 환청을 견딜 수 없게 되어 1975년 12월에 자택에서 향정신성 약품을 대량복용하고 자살을 기도, 파리 생탄 병원에 입원하게 되었다.

2 대화기록

1976년 2월 13일, 파리 생탄 병원에서

L(라캉) 당신이군요. 여기에 앉으십시오. 진심으로 당신을 환영하는 바입니다. 우리는 당신의 사례에 대해 관심이 매우 크다고 말해두고 싶군요. 당신이 체르마크 씨나 D씨와 이야기한 뒤로 많은 것이 점점 분명해졌습니다. 이제 저에게도 이야기해 주십시오. (제라르의 침묵) 당신이 말하지 못할 이유 같은 건 없습니다. 자신에게 무슨 일이 일어났는지 잘 알고 계실 테니까요.

G·L(제라르 루카) 저를 잘 모르겠습니다.

L 자신을 잘 모른다고요? 그것이 무슨 말인지 설명해 주십시오.

G·L 저는 언어라는 관점에서, 언어의 단계에서 분열되어 있고, 꿈과 현실 사이에서 분열되어 있습니다. 제 상상 속에서 그 두 세계는 완전히 같은 가치를 가지고 있어서, (꿈의) 세계와 소위 말하는 현실세계 어느 한 쪽이 우세하다는 건 없습니다. 그것들은 따로 존재하고 있는

것입니다. 저는 끊임없이 공상을 하고 있습니다.

L 당신의 이름에 대해서 이야기해 주시겠어요. 제라르 L
이라는 것은……

G·L 그래요. 저는 레이몽 루셀Raymond Roussel(1877~19
33. 프랑스 작가. 그의 전위적인 작품은 이후 초현실주의에 영향
을 주었다)을 알기 전에 (저 자신의 이름을) 분해하고 재발
견했습니다. 당시 저는 스무 살이었고, 고등수학을 배우
고 있었습니다. 그 후 물질적인 것에 흥미를 가지고 지
성의 상층-하층에 대해 열심히 논의했습니다. 언어와 관
련지어 말하자면…… 언어는 상층-하층을 나타낼 수 있
습니다. 예를 들어 저는 제 이름(Gérard)을 Geai(어치)와
Rare(희귀한)로 분해했습니다.

L 희귀한 어치……

G·L Luc-As. 저는 약간 장난을 칠 작정으로 이것도 분
해했습니다. 저는 창조하기 위해 분해한 것입니다. 레이
몽 루셀에 대해서도 알지 못했고, 그것은 차츰…… 제가
당신에게 말하려고 하는 것은, 즉……(침묵)

L 즉 무엇인가요? 당신에게 일어나는 것…… 당신이 말하는 목소리라고 부르는 것, 당신이 말했던, 밀어닥치는 목소리phrase imposée라고 부르는 그것은 어떤 것입니까?

G·L 밀어닥치는 목소리란, 저의 지성에 좋든 싫든 밀어닥치는 것으로, (그 내용은) 이른바 의미란 것을 전혀 가지지 않습니다. 그건 멋대로 떠오르는 말인데, 반성을 하거나 이미 생각했던 것이 아니라, 멋대로 떠오르는 성질을 가진 것이며 무의식이라고 하는 것을 나타내고 있습니다.

L 계속하십시오.

G·L 제가 마치 조종당하는 것처럼 멋대로 떠오르는, ……조종당하고 있지는 않지만, 아니, 스스로 설명할 수 없어요. 당신에게 도무지 설명할 수 없어요. 문제를, 멋대로 떠오르는 것을 명확하게 할 수가 없어요. 저는 그 멋대로 떠오르는 것이 어떻게 도래하고, 제 두뇌에 들이닥치는 것인지, 모르겠습니다. 그건 돌연히 찾아오는 것입니다. "너는 파란 새l'oiseau bleu를 죽였다", "그것은 무정부조직anarchic system이다"…… 이런 말은 보통의 언어

에서 이치에 닿지 않고 의미를 전혀 갖지 않는 것이지만 제 두뇌, 지성에 밀어닥칩니다.

그와 동시에 일종의 균형도 존재합니다. D라는 이름의 의사가 있는데, 밀어닥치는 목소리는 "D씨는 친절하다" 라고 하는 데 대해서, 저는 저 자신이 생각했던 말로 균형을 잡고, 밀어닥치는 말과 저 자신이 생각했던 말을 구별함으로써 밸런스를 맞추면서 이렇게 말합니다. "그러나 나는, 미쳐있다." 그러니까, "D씨는 친절하다"가 밀어닥치는 말이고, "그러나 나는, 미쳐있다"가 제가 생각했던 말이라는 겁니다.

L 다른 예를 가르쳐 주십시오.

G·L 특히 저는 가끔 아주 겁이 많아지고 공격적이 됩니다. 저는 가끔씩……

L 공격적이란 건 무슨 뜻이지요?

G·L 방금 말한 대로입니다.

L 당신은 공격적으로 보이지는 않는데요.

G·L 타인과 신체적인 관계를 가지면 마음속에서는 은밀히 공격적이 되는데…… 더 이상 잘 말할 수가 없습니다……

L 잘 말하고 있습니다. 어떻게 해서 그렇게 됩니까?

G·L 저에게는 보상compenser하려는 경향이 있습니다. 저는 공격적이지만, 그러나 그것은 물리적인 것이 아니라 마음속의 일입니다. 저는 밀어닥치는 목소리에 대응해서 보상하는 경향이 있는데, 잘 말하지 못하겠지만, (그것에 대해) 방금 깨닫게 되었습니다…… 저에게는 밀어닥치는 말을 보수récupérer하려고 하는 경향이 있는 겁니다. 저에게는 공격적인 말이 밀어닥치는 한편, 그것들 모두가 친절하고 아름답다고 생각하는 경향이 있습니다.

L 초조해 말고 천천히 그 점을 검증해 주십시오.

G·L 다양한 층위의 목소리가 들립니다.

L 왜, 그것을 목소리voix라고 하는지요?

G·L 왜냐하면 저는 그것을 듣기 때문입니다. 마음속에서 들리기 때문입니다.

L 그렇군요.

G·L 그래서 저는 공격적이면서, 사람들의 목소리를 마음속에서 텔레파시를 통해 듣습니다. 당신에게 잠깐 설명한 것처럼, 저에게는 때때로 의미 없는 생각이 불현듯 떠오릅니다.

L 예를 들면?

G·L "푸른 새가 나를 죽이려 한다." "그것은 무정부조직이다." "그것은 정치적 암살assassinat이다, 정치적인 assastinat다." assastinat는 암살assassinat과 원조assistanat가 축약된 것으로, 암살assassinat이라는 개념을 상기시킵니다.

L 누가 그 개념을 상기시킨 것일까요……? 말해 주십시오. 누구도 당신을 암살하지 않을 테니까요.

G·L 그래요, 저는 살해당하지 않아요. 무의식 속에서

보수하려는 것에 대해 이야기를 계속할게요. 가끔씩 저에게는 말이, 공격적이면서 한편으로는 하찮다기보다는 무의미한, 일상의 언어에서는 무의미한 말이 제멋대로 떠오릅니다. 그리고 그때그때 저는 이러한 공격성을 보수해서 모든 사람은 친절하고 아름답다 등으로 생각하는 경향이 있습니다. 그런 식으로 저는 성스럽다고 생각하는 사람을 복자福者의 행렬에 넣음으로써 성인sainte의 반열에 올리는 겁니다. 저에게는 B라는 이름의 동기생이 있는데, 이렇게 해서 그는 성 B가 됩니다. 성 B는, 멋대로 떠오르는 말인데, 저 자신은 공격적인 상태에 있습니다. 저는 항상 두 가지로 분리하고 있습니다. 그것들은 시간의 영향 하에서 서로를 보완하는데, 한쪽은 멋대로 떠오르는 반면, 다른 한쪽은 검토하는, 서로 다른 구조를 따릅니다.

L 그렇군요. 그렇다면, 혹시 괜찮다면 멋대로 떠오르는 말에 대해 이야기를 계속해 봅시다. 언제부터 그러한 일이 일어나게 된 겁니까? 이건 어리석은 질문이 아니겠지요……

G·L 아니요, 결코. 그건 아마도…… 1974년 3월에 파라

노이아성 망상délire paranoïaque이라 진단받았던 때부터 입니다.

L 누가 파라노이아성 망상이라고 했습니까?

G·L 당시의 의사입니다. 그런데, 멋대로 떠오르는 말인 데……

L 왜 지금 당신은, 누구를 돌아본 거지요?

G·L 그가 저를 바보 취급했다는 기분이 들어서입니다.

L 당신을 비웃는 존재를 느낀 겁니까? 그는 당신의 시 야에 들어와 있지 않습니다만……

G·L 저는 소리를 들었고, 그리고, 느꼈던 것인데……

L 그는 당신을 결코 바보 따위로 취급하지 않아요. 저는 그를 잘 알고 있는데, 당신을 바보로 여긴다는 것은 있 을 수 없습니다. 그는 당신에게 관심을 가지고 있는 겁니 다. 따라서 상황은 완전히 반대입니다. 그가 어떤 말을

했다면 그 때문일 거에요

G·L 그의 지적인 이해가 풍기는 인상은……

L 아니, 그는 곧잘 그렇게 말합니다. 당신에게 말했듯이 나는 그에 대해 잘 알고 있습니다. 뿐만 아니라 여기에 있는 사람들도 모두 압니다. 내가 완전히 신뢰하지 않는다면 이들은 여기에 있을 수 없습니다. 좋습니다, 계속해 주십시오.

G·L 한편으로, 저는 발화發話라는 것은 말을 뛰어넘어서 세상의 힘이 될 수 있다고 생각합니다.

L 확실히 그렇습니다. 생각해 봅시다. 당신은 지금 막 이야기를, 아니, 당신의 의견을 말했습니다. 실제로 이것은 결코 쉽지 않은 일인데, 어떤 일이냐면……

G·L 일상생활에서 제가 사용하는 극히 단순한 말이 있고, 한편으로 상상력의 영향을 받은 말이 있는데 그에 따라 저는 현실을, 제 주위의 사람들을 분리합니다. 그것이야말로 가장 중요한 점입니다. 저의 상상력은 다른

세계를 하나 더 창조했고, 그 세계는 이른바 현실세계와 같은 만큼의 의미를 가지지만 서로 완전히 분리되어 있습니다. 그 두 개의 세계는 완전히 분리되어 있습니다. 다른 한편으로 들이닥치는 말은, 가끔씩 타인에게 공격적으로 반응하는 식으로 멋대로 떠오르지만, 상상세계와 소위 현실세계의 가교가 되고 있습니다.

L 물론일 테죠. 그러나 결국 당신이, 요컨대 완전히 그것들(두 개의 세계)을 구별하고 있다는 사실은 바뀌지 않아요.

G·L 맞아요. 저는 완전히 구별하고 있습니다. 그러나 말은, 상상력의 흐름은, 제가 말하는 것과 지적으로 또는 정신적으로 같은 질서로 되어 있지 않습니다. 그것은, 꿈, 일종의 백일몽rêve éveillé, 영원의 꿈rêve permanent.

L 그렇겠죠.

G·L 저는 (상상세계를) 꾸며내고 있다고는 생각하지 않아요. 그것들(현실세계와 상상세계)은 분리되어 있지만, 그렇다고 해도…… 안 되겠어…… 당신이 오해할 것 같네요.

L 당신은 제가 오해한다고 생각하고 있는 건가요?

G·L 저는 틀리지 않습니다. 말해진 모든 것에는 법과 같은 효력이 있고, 또 그것들은 의미를 가집니다. 그러나 언뜻 봤을 때, 그것들은 순수하게 합리적인 의미를 가지고 있는 것 같진 않습니다.

L 어디에서 당신은 그런 어구語句를 알게 된 겁니까? 말해진 모든 것은 의미를 가진다Tout mot a un signifiant는 어구 말입니다.

G·L 그것은 개인적인 성찰입니다.

L 그렇군요.

G·L 저는 이 세계가 분리되어 있다는 것을 알고 있습니다, 아니, 그것을 알고 있는지 어떤지 정확하지 않습니다.

L 무엇이 정확하지 않다는 것이지요?

G·L 이 세계가 분리되어 있다는 것을 제가 알고 있는지

제II장 대환견

PRÉSENTATION DE MALADES

아닌지 정확하지 않습니다. 모르겠습니다……

L 무엇을 모른다는 것이지요?

G·L 꿈, 상상력에 의해 구축된 세계, 거기에 저 자신의 중심이 있지만, 그것은 현실세계와 전혀 관계가 없습니다. 왜냐하면, 저의 상상적인 세계에서, (밀어닥치는) 목소리에 대응해서 제가 만들어 낸 세계에서 저는 중심을 차지하고 있기 때문입니다. 저에게는 일종의 소극장을 만들어내는 경향이 있는데, 거기에서 저는 일종의 연출가, 창조주이면서 동시에 연출가이지만, 한편으로 현실의 세계에서 저는 그냥 임무를 수행하는 것일 뿐……

L 그래요, 그렇다면 당신은 geai rare(희귀한 어치)가 아니라, 가령……

G·L geai rare(희귀한 어치)는 상상세계 속에 있는 것입니다. Gérard L은 일반적으로 현실이라 불리는 세계에서의 이름임에 반해, 상상세계에서 저는 Geai Rare(희귀한 어치) Luc as입니다. as(아스; 1, 제1인자)라는 제 이름, 그것은 근본이며 체계적이고, 효력을 가진 것입니다. 일종의……

그런 as를 바탕으로 저는 제가 쓴 시詩 가운데 한 작품에서 그렇게 표현했습니다.

L 당신의 시 속에서?

G·L 저는 고립된 영역에서 고독의 한복판에 있었습니다. 그런 표현이 존재했는지 아닌지는 모르겠습니다. 저는 아주 어렸을 때부터 그런 표현을 알고 있었습니다. 노발리스Novalis(1772-1801. 독일 낭만파 작가)가 그 같은 표현을 썼을 겁니다.

L 실로 정확한 표현이군요.

G·L 저는 고독의 한복판에서, 일종의 신, 고립된 영역에서 일종의 창조주 같은 존재입니다. 왜냐하면 그 세계는 닫혀 있어서 일상의 현실과 타협할 수 없습니다…… 마치 그것은 자위행위 그 자체로…… 결국 내면의 꿈에 반응하여 만들어진 것입니다. 저는 자위행위라고까지 말해 버렸지만……

L 당신의 말에 따르자면, 결국 그에 대해 어떻게 생각하

고 있다는 건가요? 문제는 확실히 다음과 같은 것이라 생각됩니다. 즉 당신은, 그렇게 기능하는 꿈이 있다고 느끼기 때문에 결국 어떤 꿈의 포로가 되었다고 생각하고 있는 것이 아닌가, 라는 겁니다.

G·L 조금은 그런 느낌도 듭니다. 하나의 경향, 인생에 있어서, 그리고 더욱이⋯⋯

L 더욱이? 계속 말해 보십시오.

G·L 피곤해졌습니다. 오늘 아침은 말할 준비가 되어 있지 않습니다.

L 왜? 어째서요?

G·L 조금은, 불안하기angoissé 때문입니다.

L 무엇이 불안하다는 거지요?

G·L 알 수 없습니다. 저는 불안합니다. 불안도 마찬가지로 제멋대로 생깁니다. 다른 사람과 만나면 가끔씩 그런

일이 일어납니다. 한편, 당신과 만나 이야기한다는 것은 말하자면……

L 저와 이야기하면 실제로, 불안이 생겨나게 됩니까? 당신은 제가 당신의 불안에 대해 전혀 이해하고 있지 않다고 느끼는 건가요?

G·L 이 면담에서 무엇이 해결될지 어떨지 분명치 않습니다. 오랫동안 저절로 일어나는 불안, 순수하게 생리적이면서 대인관계와는 전혀 무관한 불안이 있었습니다.

L 그렇습니다. 그것(불안)이 있음으로 인해, 나는 이 인간세계의 일원이 될 수 있는 것입니다.

G·L 아니에요. 그러니까…… 저는 당신이 두렵습니다. 왜냐하면 저는 극도로 콤플렉스가 강하기 때문입니다. 당신은 아주 유명한 분입니다. 저는 당신과 만나는 것이 두려웠습니다. 불안했던 이유는 단순합니다.

L 좋아요. 그렇다면, 당신에게 큰 관심이 있어서 이 자리에서 (우리의 대화를) 듣는 사람들에 대해서는 어떻게

느끼십니까?

G·L 짓눌리는 듯한 기분입니다. 그래서 저는 이야기를 잘할 수 없는 겁니다. 저는 불안하고, 피곤합니다. 저는 평소의 제가 아닙니다……

L 알겠습니다. 그런데…… 1974년에 당신을 진료한 사람은 누구지요? 당신에게 (파라노이아성 망상이라고) 말한 사람의 이름은 무엇입니까?

G·L 의사 G입니다.

L 의사 G는 당신이 처음으로 만난 정신과 의사는 아니겠지요.

G·L 아니요, 제일 처음으로 만난 정신과 의사입니다. 열다섯 살 때 H교수에게 진료를 받았지만요.

L 누가 당신을 H교수에게 소개했습니까?

G·L 제 부모님입니다. 저는 부모님에게 매우 반항적이어

서 그들을 힘들게 했으니까요.

L 당신은 외동입니까?

G·L 네, 저는 외동아들입니다.

L 아버지의 직업은 무엇입니까?

G·L 프로파간디스트Propagandist입니다.

L 프로파간디스트라는 건 어떠한 직업이지요?

G·L 아버지는 제약연구소에 근무하는데, 신약 판매를
위해 의사에게 찾아가는 일을 하고 있습니다. 일종의 세
일즈맨입니다.

L 어디에서 일하시나요?

G·L L 연구소입니다.

L 당신 자신도 비슷한 진로를 생각했었습니까? 앞서 당

신은 고등수학을 공부하고 있었다고 말했지요.

G·L 네, 맞습니다. S에서 (공부했습니다).

L Ab인가요?

G·L S입니다.

L 좋습니다. 당신이 학습할 당시의 상황에 대해 말해 주십시오.

G·L 어느 학년 때에 대해서 말인가요? 저는 언제나 몹시 태만한 학생이었습니다. 저에게는 천부적인 재능이 있었지만 저 자신의 지성만 믿고 노력을 태만히 하는 경향이 늘 있었습니다. 고등수학에 대해서는, 저는 포기했습니다. 왜냐하면……

L 왜냐하면?

G·L 감정의 문제가 있었기 때문입니다.

L 감정의 문제가 있었다고요?

G·L 감정상의 문제가 괴로움의 씨앗이었습니다. 11월에 저는 고등수학 공부를 시작했지만, 2개월 후에 감정 문제로 좌절했습니다. 그러는 사이에 저는 신경쇠약에 빠져버렸고, 이후 고등학교 공부를 단념했습니다.

L 당신이 신경쇠약에 빠진 원인은……

G·L 감정적인 우울함 때문에……

L 그 우울함은 누구 때문인가요?

G·L 특수학교에서 만난 한 소녀 탓입니다. 우리는 지도원이었지요.

L 그렇군요. 그런데 왜 당신은 그녀의 이름을 말하지 않는 것이지요?

G·L N·P입니다.

L 좋아요. 1967년에 그런 사정이 있었던 것이군요. 당신은 어디에 있는 학교에서 공부했지요? 여기 이 학교, 라는 식으로 명확히 해둬야 합니다.

G·L 저는 태만했기 때문에 이런저런 문제가 있었습니다. 그런데, 태만한 것은 병 때문이었어요. 저는 열다섯 살 이후로 혼란에 빠져 감정적으로 동요했지만, 그것 역시 부모와의 파란 많은 관계 때문입니다…… 제 기억에 공백이 생겼습니다.

L 부모라고 하셨는데, 아버지에 대해서는 이미 간단히 이야기하셨지요. 어머니에 대해서는 어떻습니까?

G·L 저는 어머니가 키웠습니다. 왜냐하면 프로파간디스트인 아버지는 지방에서 일을 하고 있었기 때문입니다. 어머니는 불안감이 매우 강해서 말이 거의 없고, 저처럼, 저도 매우 소극적인 성격이었지만…… (그녀는) 너무나도 소극적이어서 밤에는…… 저녁식사를 할 때는 아주 조용했고, 어머니에게는 정서적인 교류라는 것이 아예 존재하지 않았습니다. 그녀는 불안감이 강하고, 감염이 쉽게 되었는데…… 그렇지만 바이러스가 아니

라…… 환경의 영향을 쉽게 받는다는 의미인데, 늘 그런 정신상태였습니다. 이렇게 어머니는 이상할 정도로 쉽게 불안감을 느꼈기 때문에 아버지가 집에 돌아왔을 때는 부부싸움이 끊이지 않았고, 극히 긴장되고 불안에 찬 분위기였는데, 저는 그런 어머니가 키웠습니다. 저 자신도 침투현상phénomène d'osmose에 의해 영향을 받아서 불안감이 한층 강해진 것 같습니다.

L 침투현상이라고 했는데, 그 침투osmose라는 건 어떠한 의미를 가지고 있습니까? 그러한 것도, 당신이 정교하게 구별할 수 있기 때문입니다. 현실과……

G·L ……공상을?

L 맞아요, 그겁니다. 무엇과 무엇이 서로 침투하는 겁니까?

G·L 무엇과 무엇이 서로 침투하느냐고요? 저는 우선, 현실이라고 불리는 것을 의식합니다…… 거기에는 심리적 긴장, 현실의 그러나 육체적 레벨의, 즉 신체 단계의 불안이 생기는데 곧 정신의 단계에도 침투해 갑니다…… 왜냐하면 그건 저에게 문제가 있기 때문인데, 그

것은 다시 말해…… 나는 할 수 없어…… 조금은 자각하고 있는데, 저는 한번은 주치의에게 편지를 썼습니다.

L 어느 정신과 의사입니까?

G·L 의사 G입니다. 꽤 이전부터 저는 (그에게) 신체와 정신의 괴리에 대해 이야기해 왔습니다. 그리고 실은……저는 홀려 있었는데…… 지금으로서 정확한 시기는 기억나지 않지만 당시 저는…… 어떤 종류의…… (G·L은 넋을 잃은 것 같은 표정을 지으면서) …… 언뜻 이어지거나 분리되거나 하는 전기 신체라는 생각에 열중하고 있었습니다. 저는 그 신체와 정신에 대해서 완전히 파악할 수는 없었습니다.

L 어느 시기의 일인지요.

G·L 당시 저는 열일곱, 열여덟 살이었습니다. 저는 저 자신에게 물었습니다. 어느 순간에 신체는 정신으로 회귀하고, 정신은 신체에 머무는 것인가, 라고. 저는 몰랐습니다. 저는, 사로잡혀 있었습니다…… 어떻게 해서? ……저는 세포로 구성되어 있는, 모든 종류의 신경세포

로 구성되어 있는 신체만을 생각하고 있었던 겁니다. 어떻게 해서 생물학적인 것이 정신적인 것으로 이행하는 것인가? 어떻게 해서 신체와 정신으로 나뉘는 것인가? 결국, 어떻게 해서 사고는 뉴런의 상호작용을 가지는 것인가? 어떻게 사고는 형성되는 것인가, 뇌신경의 상호작용에 기초하여, 어떻게 해서 사고는 뉴런의 상호작용으로부터, 호르몬의 발달로부터, 자율신경의 발달로부터 생기는 것인가 등등…… 저는 46시간 동안 생각하고 있었습니다.

L 하지만, 우리가 당신보다 그에 대해 더 잘 알고 있지도 않아요.

G·L 생물학에 의하면 뇌파가 존재하기 때문에, 사고와 지성이 방출되는, 외부를 향해 방출되는 일종의 전파 같은 것이라고 생각하게 되었습니다. 그 전파가 어떻게 해서 외부로 방출되는지는 잘 모르겠지만, 언어는…… 그건 제가 시인poète이라는 사실과 관련이 있는데, 왜냐하면……

L 당신은 틀림없이 시인입니다. 그래요.

G·L 제가 당초 시도했던 것은……

L 당신 자신이 쓴 것이 있습니까?

G·L 네, 여기 있습니다.

L 어디 있습니까?

G·L 병원에 있습니다. 의사 체르마크 씨가 그걸 여기에
들고 오라고 했지만, 어쨌든 저는 (쓰는 것을) 계속하고
싶습니다. 저는 시를 쓰는 것으로 인해 균형이라는 리듬,
즉 음악musique을 모색했습니다. 저는 말을 한다는 것la
parole은 외부로 지성l'intelligence을 방출하는 것과 같다
는 생각에 이르게 되었습니다.

L 지성과 말. 그러나 지성이란 건 말을 한다는 것 그 자
체입니다.

G·L 저는 지성이란 것이 외계로 파장을 방출하는 것과
같다고 생각했습니다…… 따라서 당신이 지성이란 단지
말하는 것이라고 하시는 데에 찬성할 수 없습니다. 직관

적인 지성, 말을 하는 것으로는 해석불가능한 지성이 존재하고, 확실히 저는 매우 직관적이라서, logifier하는 것이 정말로 어렵습니다…… 그것(logifier)이 프랑스어인지 아닌지는 모르겠습니다. 제가 만든 말이기도 하고요. 제가 실제로 본 것…… 제가 누군가에 대해 그것을 말로 표현할 수 있었던 적도 있지만…… 제가 본 것을 합리적으로 말로 바꾸어낼 수 없습니다…… 그것들은 변하는 이미지인데, (말로 바꾸어내는 것이) 불가능합니다……

L 변하는 이미지에 대해 조금 더 이야기해 주십시오.

G·L 그건 영화cinéma, 말하자면 의료 영화 같은 것입니다. 최대속도로 재생하지만 제대로 형용할 수 없어서 그것(이미지)을 설명할 수 없습니다.

L 그렇다면 조금 더 문제에 접근해 봅시다. 그러한 이미지와 당신 안에 커다란 위치를 점하고 있는 것, 그러니까 미의 관념l'idée du beau이란 것은 어떤 관계에 있습니까? 그러한 이미지의 중심에 미의 관념을 두고 있는 것인가요?

G·L 고립된 영역cercle solitaire 말인가요?

L 고립된 영역에 대해서입니다.

G·L 말하신 그대로입니다. 그런데 꿈에 대한 미의 관념은…… 실질적으로는 구체적인 광경입니다.

L 당신에게 있어서 미란 무엇인가 라고 질문했는데, 당신은 자신이 아름답다고 생각합니까?

G·L 네, 저는 저 자신이 아름답다고 생각합니다.

L 당신이 호의를 품고 있는 여성들, 그녀들은 아름답습니까?

G·L 저는 빛나는 외모를, 항상 그것이 퍼져나가는 것을, 빛나는 하늘의 은총을 구하고 있습니다. 즉 발산하는 미를 추구합니다. 그것과 지성은 전파의 방출이라고 제가 주장하고 있는 것은 관계가 없지 않습니다. 저는 눈에 띄는 지성의 소유자를 찾아 헤매고 있는데, 외모가 빛나는 것과 두드러진 지성은 관련이 있습니다.

L 당신이 1967년에 열중했던 사람…… N씨에 대해 이야
기해 봅시다. 그녀는 빛나고 있었습니까?

G·L 네, 그녀는 빛나고 있었습니다. 그렇지만 그 외에도
떠오르는 사람이 있는데……

L 그 외에도 빛나는 사람이?

G·L 그 외에도 있었습니다. 남성만이 아니라 여성에게
도요. 성적으로 저는 남성과 같은 여성도 좋아합니다.
저는 남성과의 육체관계에 대해 언급했습니다. 저는 지
적이면서 동시에 감수성 넘치는 빛에만 매료되어 왔습
니다.

L 당신이 말하고 싶어 하는 것은 잘 알겠습니다. 꼭 공
감하는 것은 아니지만 말입니다. 그렇지만, 결국 당신은
17세가 되기 전에 이미 아름다움으로 인해서 그렇게 감
정적으로 흔들리게 되었던 것인데, 왜, 누구 때문에 당신
이 그렇게……

G·L 어떤 문제 때문입니다……

L 어떤 문제?

G·L ……부모와의 대립이라는 문제입니다. 어머니는 매우 조용했지만, 반면에 아버지는 주말에 저의 양육을 위해, 일상생활, 학교생활과 훈육 상태를 확인하기 위해 집으로 돌아와 제게 이러저러한 충고를 했습니다. 저는 아주 반항적이고 반역적이었고, 이미 자립심이 왕성해서 아버지의 조언을 무시했고, 아버지의 권위를 뛰어넘는 능력을 이미 충분히 갖추고 있었기에 아버지의 충고에 화를 냈습니다. 그 당시……

L 그가 그 무렵 H에게 무엇이라고 말했나요?

G·L 이미 기억이 안 납니다.

L 당신이 반항적이라고 한 건가요?

G·L H가 무엇이라고 했는지 기억이 안 납니다. 그는 저에게 말을 하게 한 후 방 밖으로 나가게 한 뒤, 이번에는 아버지에게 이야기를 했습니다. 그는 저에게는 진단 내용에 대해 알려주지 않았습니다. 그는 저의 옷을 벗기고

검사를 했는데, 저는 성적으로 강한 콤플렉스를 느꼈습니다.

L 콤플렉스라는 말에 대해서인데, 그것은 당신에게 있어 특히, 소위 성적인 내용과 관련되어 있습니까? 당신이 콤플렉스를 느낀다는 것은 그런 것인가요? 당신이 콤플렉스라는 말을 5번에서 6번 사용할 때에 말하고 싶었던 것은 그것인가요?

G·L 그건 성적인 것에만 관련되어 있는 것은 아닙니다. 관계성에도 관련되는 것입니다. 어떻게 해도 잘 설명할 수 없는데, 방치된 느낌이 있다는 건 아니지만, 그런 인상이 있다고 할까⋯⋯

L 그런데⋯⋯ 왜 방치된 느낌이 있는 건 아니라고 일부러 말하는 거지요? 실제로 방치되었다는 느낌이 있는 겁니까?

G·L 네⋯⋯ 말을 한다는 것과 관련해서 사회에 대해 콤플렉스가 있습니다. 두려움, 말을 하는 것에 대한 두려움, 틀림없이 불안으로부터⋯⋯ 저는 나중에서야 문득

깨닫게 되는 부류인데, 그 자리에서 대답을 전혀 못하고, 그 때문에 저는 저 자신의 껍질 속에 파묻히는 경향이 있습니다. 저는 완전히 무능한 사람이고…… 가끔씩 멈추고, 결국 못하는…… 방금 제가 당신과 만나 이야기하는 것이 무섭다고 했던 것도 열등감이 있기 때문입니다.

L 제 앞에서 열등감을 느끼는가요?

G·L 그건 방금 말했습니다. 대인관계로 콤플렉스를 느끼는 겁니다. 당신은 아주 유명한 분이어서 저는 불안해졌습니다.

L 어떻게 해서 당신은 제가 유명인이라고 알고 있는 겁니까?

G·L 당신이 쓴 책을 읽으려고 했던 적이 있기 때문입니다.

L 아, 그렇군요. 읽으려고 했다(G·L 은 히죽 웃는다), 읽으려고 했다는 것이지요? 그리고 실제로 읽었다. 그건 인간 사회의 입구에 서 있다는 것을 의미합니다.

G·L 그래도, 결국 기억이 안 납니다. 저는 아주 이른 시기에, 열여덟 살 때 읽었습니다.

L 제 고심작을 당신은 18세 때에 읽었다는 것이네요.

G·L 네.

L 그렇다면 그건 몇 년이었지요?

G·L 1966년입니다.

L 출간되고 난 직후군요.

G·L 잘 모르겠습니다…… 아니, 아마 그럴 겁니다…… 그래도 역시……

L 당시 당신은 C병원에 있었나요?

G·L ……그곳은 학생을 위한 병원이었습니다. 저는 당신의 책을 C병원 안에 있는 도서관에서 발견했습니다. 저는 C병원에 재입원했던 겁니다……

L 잘 기억해 보십시오.

G·L 스무 살이 되고 얼마 지나지 않았기 때문에 1970년이 틀림없습니다.

L 당신이 그 저주받은maudit 책의 페이지를 넘기게 된 동기는?

G·L 저의 반 친구의 영향입니다. 그가 저에게 가르쳐 주었습니다…… 저는 그 책을 펼쳤습니다…… 많은 용어가 눈에 들어왔지만, 그건 매우……

L 매우?

G·L 매우 복잡하고, 내용을 이해할 수 없었습니다.

L 아, 그건 오히려 흔한 일입니다. 그 책이 인상적이었나요?

G·L 마음에 들었습니다. 전부 읽지는 못했지만. 그냥 한 번 훑어본 것뿐입니다.

L 좋아요, 그럼 이야기를 되돌려 보지요. 정치적 암살의 방salle assassinat politique 말인데, 어째서 암살이지요?

G·L 아니에요. 정치적 암살assassinat politique입니다. 정치적 원조assistanat politique와 assastinat도 있습니다.

L 원조와 암살, 그것들은 별개의 것인가요, 그게 아니라면 두 가지 의미를 가진 것인가요?

G·L 두 가지 의미를 가진 것입니다.

L 두 가지 의미를 가지고 있다는 거군요.

G·L 모르겠습니다……

L 원조와 암살에 대해 명확히 해둡시다. 그런 음운의 혼란은 어느 시점부터지요? Lucas(Luc As), Gérard(Geai Rare; 희귀한 어치)라는 당신의 이름에 관한 이야기는 그나름대로 중요한 이야기이지만 지금은 미뤄두기로 하고, 원조와 암살은 음이 서로 간에 바뀌는데, 그게 시작된 것은 언제부터였지요?

G·L 제가 아는 건……

L 다른 점에서 보면, 원조와 암살의 사이에는 보다 많은 차이가 있습니다. 당신은 그것들이 (음운 상) 가까이 있다고 이야기하지만요. 그 말들 자체가 무언가 중요한 의미를 가지고 있지는 않겠지요. 왜냐하면 비겁한 암살이란 건……

G·L 그것들이 중요하다면, 그것들이 머리로 생각한 것이 아니라고 하는 한에서입니다.

L 그러니까 거기에 당신 자신의 생각을 반영시키지 않았다는 말이군요.

G·L 그렇습니다. 그건 제멋대로 생기고, 자연스레 떠오릅니다. 즉, 돌연히par éclairs, 때로는 저절로spontanément.

L 돌연히?

G·L 돌연히, 말입니다. 제 생각인데……

L 그렇다면, 그 돌연히 찾아오는 때……

G·L 지금 막 생각한 것인데, 이성理性적인 관계도 필시 존재하고 있었습니다. 저절로 생겨나는 것이 아니라, 한편으로는 의학적인, 비겁한 암살sale assassinat, 경멸스런 원조sale assistanat, sale assastinat 사이에는 의학적인 관계가 있었습니다. 그러니까, 암살assassinat과 원조assistanat가 축약된 것입니다. 저는 말을 축약하는 것에도 흥미가 있습니다. 예를 들면, 저는 베아트리스 V라는 가수이면서 낭독가를 알고 있었습니다. 저는 노래하는 그녀를 보려고 라넬라까지 갔고, 거기서 서로 알게 되었습니다. 그녀는 베아트리스라는 이름을 가지고 있는데, 성 베아트리스의 날은 2월 13일입니다. 저는 그걸 사전에서 보고…… 사전이 아닌가? 달력을 보고 깨닫게 되었습니다. 그리고 그녀가 제게 또 만나러 오라고 했기 때문에, 그것도, 제가 그녀의 음악 투어를 극찬했기 때문인데…… "당신을 이해하는 곳에, 쾌활한 베아트리스는 없었다"라는 내용의 축사를 썼습니다…… 저는 dixt(10일)라고 썼는데, 그건 동시에 제가 축하하고 싶은 10일간, 13일과 23일 사이의 10일이며, 공식으로 만든 것formulation이기도 합니다. 무엇보다 저는 이것(공식으로 만들기)까지는

할 수 없었습니다. 왜냐하면 10이라는 간격은 쾌활함fête 없이는 지나가지 않기 때문입니다……

L 쾌활하게? 그건 무슨 이야기지요? 축제fête였나요?

G·L 축제였습니다. 축사에서 바로 그 축약된 말을 썼습니다. écrasé(으깨졌다)와 éclaté(톱니바퀴 모양이 새겨진)를 동시에 포함하는 écraseté와 같은 말을 썼던 겁니다. 저는, vénure라고 이름 붙인 시를 썼는데, 그건 vénus와 mercure가 축약된 겁니다. 일종의 애가哀歌와 같은 것이었습니다. 공교롭게도 저는 그것을 지금 가지고 있지 않습니다. 왜냐하면…… choir(떨어지다)라는 말도 있는데, 떨어진다는 개념과 선택choix라는 개념을 나타내기 위해 저는 choixre라고 썼습니다.

L N 외에는 누구입니까? ……본래의 이름을 부르는 사람은? 그리고 vénure는 당신을 vénure했나요? 그 점에 대해 가르쳐 주십시오.

G·L N 말고는 C에서 알게 된 D·N 이 있었습니다.

L 그에 대해서 이야기를 조금 해 주십시오.

G·L 그녀도 시인이었습니다. 솔로와 연탄連彈으로 피아노를 치고, 무용, 데생 등도 하고 있었습니다.

L 그녀 또한 빛났습니까?

G·L 그녀와 서로 알고 지낼 때는 아름다웠지만, 그 뒤 제가 1970년 6월인가 7월에 퇴원한 후에 그녀를 면회했을 때에는 얼굴이 부어올라 있었습니다. 그녀가 복용하고 있던 약의 영향인 게 분명했습니다. 그녀는 2월에 퇴원했는데, 그 후 다시 만났을 때는 날씬해지고 아름답게 빛나고 있었습니다. 저는 항상 그러한 미모에 매료되어 왔습니다. 이 방 안에도 같은 타입의 사람은 없을까, 아마 저 여성이 아닐까…… 그런데 아쉽게도 저분은 화장을 하고 있네요. 붉은 스카프를 두르고 있는 푸른 눈의 저 여성입니다.

L 그럼, 그녀는 저 여성과 닮았다는 거군요.

G·L 네, 조금 닮았습니다. 그래도 D·N 은 화장을 하지

않았습니다. 저 여성은 파운데이션을 바르고 있습니다.

L 당신도 화장을 하게 되었나요?

G·L 네, 저도 화장을 하게 되었습니다. 그래요, 네(웃는다). 그렇게 하게 된 것은 열아홉 살 무렵입니다. 왜냐하면 제가 느끼기에…… 저는 저 자신의 성性에 관해 콤플렉스를 가지고 있었기 때문입니다. 제 인상으로는…… 태어나면서부터 아주 작은 페니스를 물려받았습니다.

L 그 점을 좀 더 설명해 주십시오.

G·L 성기가 오그라들어서, 결국에는 여성이 되는 느낌을 받았습니다.

L 그렇군요.

G·L 저는 자신의 성이 전환되어 가는 느낌을 받고 있었습니다.

L 성의 전환?

G·L 그러니까 성별이 바뀌는 겁니다.

L 그게 말하고 싶은 것인가요? 당신이 가지고 있던 느낌이란 것이, 여성이 될지도 모른다는 바로 그건가요?

G·L 네, 저는 일상적으로 화장을 하고 있었고, 또 알고 싶었어요…… 즉 제 성기가…… 오그라드는 것이 아닌가라는 불안한 느낌을 받고 있었지만, 동시에 여성의 세계, 여성의 심리, 여성이 지적, 심리적으로 만들어지는 것에 대해 이해하고 싶었던 겁니다.

L 당신은 그렇게 기대했겠지만…… 실제로는 일종의 희망espoir입니다.

G·L 그건 희망espérance이고, 또 실제 경험이기도 했습니다.

L 실제 경험이라고 하나…… 그렇지만 당신에게는 아직 페니스가 존재하지요, 그렇지요?

G·L 네, 그렇습니다.

L 좋아요. 그렇다면 실제로 경험했다는 것은 어떤 것입니까? 그건 희망의 범주에 있다고 생각합니다만, 경험했다고 하는 건 어떤 건가요?

G·L 실제 체험한 것이기를 바란다는 의미입니다.

L 되풀이하지만, 그러니까 실제의 체험이었으면 하고 당신이 바랐다는 것이군요. 그렇다는 건 역시 희망의 단계에 멈춰 있다는 것입니다만⋯⋯ 당신은 자기 자신을 여성이라고 느낀 적은 없었습니까?

G·L 없습니다.

L 있었다는 겁니까, 없었다는 겁니까?

G·L 없었습니다만, 다시 한 번 질문해 주실 수 있을까요?

L 자신이 여성이라고 느낀 적이 있었는지 없었는지, 물었습니다.

G·L 심리적으로 느꼈던 건 사실입니다, 네. 그렇게 직관으로……

L 그랬군요. 미안해요. 직관적이라는 것이군요. 그래서 당신은 자신을 여성이라고 상상했나요? 당신이 직관에 대해…… 직관, 즉 당신에게 떠오르는 이미지를 언급했기 때문입니다만. 자신이 여성이라는 상상을 했습니까?

G·L 아니요. 꿈속에서는 여성이었지만, 그래도 저는……

L 꿈속에서는 여성이었다. 꿈이란 어떤 겁니까?

G·L 꿈? 밤에 꾸는 꿈입니다.

L 꿈은 꿈일지라도 다 같은 것이 아니라는 점을 인식해둘 필요가 있습니다. 밤에 꾸는 꿈과……

G·L 백일몽과는.

L 제가 이해한 바가 맞다면, 당신은 백일몽이라고 이름

붙인 꿈과 닥쳐드는 목소리를 관련지었습니다. 좋아요.
그렇다면 밤에 생겨나는 것, 즉 사람이 수면 중에 보는 이
미지와 닥쳐드는 목소리는 같은 성질을 지닌 현상입니까?
그에 관해서는 대략적으로 이해했을 뿐이지만, 당신은 그
점에 대해 자신의 견해를 가지고 있다고 생각합니다.

G·L 아니요, 그것들 사이에는 어떤 관계도 없습니다.

L 그렇다면 왜 닥쳐드는 목소리를 꿈으로 형용한 겁니
까?

G·L 닥쳐드는 목소리는 꿈이 아닙니다. 당신은 제대로
이해하고 있지 않군요.

L 실례했습니다. 그러나 당신이 그것을 꿈이라는 말과
결부시킨 것은 확실합니다. 저는 들었어요, 당신은 꿈에
대해 이야기했습니다. 한낮이라는 말을 붙였든 아니든,
분명히 꿈이라는 말을 썼습니다. 아닌가요? 틀리다고 하
지 마십시오. 당신이 꿈이라는 말을 사용한 것을 기억하
고 있어요.

G·L 네, 저는 꿈이라는 말을 썼습니다. 그렇지만 닥쳐드는 목소리는, 어디냐 하면 고립된 영역과 현실의 공격성 사이에 위치하고 있습니다. 그것이 어떤 부분을 이루고 있는지는 모르겠지만……

L 알겠습니다. 좋아요. 그 다리pont가 당신을 공격하나요?

G·L 그렇습니다, 네.

L 그렇다면 당신 자신의 말인데, 단어mot가……

G·L 아니에요. 문장phrase입니다.

L 당신에게 떠오르는 목소리는 암살을 시사하고 있습니다. 방금 말한 것은 그것과 밀접하게 관련되어 있는데, '나를 monarchiser한다'는 것은, 당신의 말이 틀리지 않다면, 그것은 닥쳐드는 목소리인 거군요.

G·L 닥쳐드는 목소리입니다.

L 좋아요. 그러나 동시에 당신은 당신 자신이 앞서 말한 '그들'을 모욕하고 있다는 것을 모르기 때문에, 오히려 그들이 당신의 지성을 monarchiser하려 했다고 말하면서 비난하고 있습니다. 여기까지 괜찮은가요?

G·L 네, 그런데 저는 몰랐습니다.

L 그러니까 사태는 두 가지로, 먼저 첫 번째는 이런 식으로 떠오르는 목소리가 있어서 당신의 머리를 침식……

G·L 네, 그렇습니다.

L 그렇군요.

G·L 저의 머리를 점거하고 자생하지만, 거기에 저 자신의 생각은 포함되지 않습니다.

L 좋아요. 다음으로는 거기에서 반성하고, 덧붙여야 하는 것을 덧붙이고, 자각하면서 그렇게 하고 있는 제2의 인격이 있군요. 여기까지 괜찮습니까?

G·L 네.

L 그렇다면, 예를 들어 무엇을 거기에 덧붙이는 겁니까? '그들은 나의 지성을 monarchiser 한다'를 입니까?

G·L 저는 결코 그 어구를 다시 덧붙이지는 않았습니다. 그들은 나의 지성을 monarchiser하고 싶어 한다. 그러나 왕정王政은 흔들리지 않는다, 혹은 흔들리는가…… 잘 모르겠는데……

L 당신 스스로가 거기에 덧붙이는 반성된 말을 한층 두드러지게 하는군요. 일반적으로 사태는 그렇게 진행됩니다. 그 말이 유일한 사례가 아니라, 그 중의 하나를 당신이 지금 예로 든 것이겠지요. 그런데, '왕정은 몰락한다'는 말은 무엇이지요?

G·L '그들은 저의 지성을 monarchiser하려 한다'는 문장이 저절로 떠오릅니다. '그러나, 왕정은 몰락한다'는 문장은 반성입니다.

L 그것은 당신 자신의 신념입니까?

G·L 네, 한편으로 자생하는 말이 저에게 닥쳐올 때 일종의 지적인 충동pulsions intellectuelles 같은 것이 갑작스럽게 발생해서 저의 지성에 다가옵니다.

L 우리의 면담 가운데도……?

G·L 굉장히요.

L 굉장히 말이군요. 그걸 재현할 수 있습니까?

G·L 푸른 새들은 나를 죽이려 한다.

L 새들이 나를 죽이려 한다……

G·L '푸른 새들이'입니다. 그것들이 저를 궁지에 몰아넣어서 죽이려 합니다.

L 누가 푸른 새이지요? 그 사람이 여기에 있습니까?

G·L 푸른 새입니다.

L 푸른 새라는 건 뭐지요?

G·L 먼저 그건 말라르메(1842–1898. 프랑스 시인) 시의 시상image poétique과 관련되어 있습니다. 푸른, 그 다음으로는 푸른 새, 하늘, 광대하고 끝없는 푸름, 푸른 새, 푸른 무한……

L 계속하십시오.

G·L 그것은 무한한 자유infinie liberté를 나타내고 있습니다.

L 네? 뭐라고요? 무한하다? 푸른 새를 무한한 자유로 번역해 봅시다. 무한한 자유가 당신을 죽이고 싶어 한다는 것입니까? 무한한 자유가 당신을 죽이려고 하는지 아닌지 음미할 필요가 있습니다. 계속해 봅시다.

G·L 나는 경계가 없는 세계에 있다. 경계가 없는……

L 그렇지만 당신이 경계가 없는 세계에 있는 것인지, 고립된 영역에 있는 것인지 확실히 해둬야 합니다. 왜냐하

면 영역이라는 말은 거꾸로 경계라는 개념을 의미하고
있기 때문입니다.

G·L 네, 그리고 전통적으로는……

L 고립된 경계의 이미지로서는……

G·L 꿈, 제가 지적으로 낳은 비非상상적인 것에 대해서
말입니까?

L 아니오, 그렇지만 끝까지 가 봅시다.

G·L 너무 어렵군요. 왜냐하면……

L 무엇을 낳는 겁니까? 왜냐하면 낳는다는 말은 당신에
게 있어 어떤 의미를 가지고 있기 때문입니다.

G·L 저에게서 나온 순간부터 그것은 창조물입니다, 대
략 그렇다는 겁니다. 혼동하지 마세요. 고립된 영역과 경
계가 없는 세계에 대해서 말하는 것은 제 안에서는 모순
되지 않습니다, 당신에게 어떻게 설명하면 좋을까요? 저

는 고립된 영역에 있습니다. 왜냐하면 저는 현실과 단절되어 있기 때문입니다. 따라서 저는 고립된 영역을 말하는 겁니다. 하지만 그렇다고 해도, 경계가 없는 상상 속의 세계에 있지 않다는 것은 아닙니다. 정말로 저 자신은 경계를 가지고 있지 않기 때문에, 크든 작든 무너뜨려서 경계가 없는 세계에 사는 경향이 있습니다. 만일 당신의 침입을 막으려는 경계가 존재하지 않는다고 한다면, 당신은 대립하는 상대가 될 수 없고 대립 자체가 없어지고 맙니다.

L 당신은 방금 이런저런 물건, 테이블, 의자 등을 열거해 가면서 현실세계를 언급했습니다. 자, 그러니까 당신은 다른 사람들과 마찬가지로 현실세계를 이해하고 있는 듯하고, 또한 상식적인 수준에서 그것을 파악하고 있는 것 같아요. 여기서부터 이야기를 시작합시다. 당신은 그것과는 별개의 세계를 낳는 것인가요? 낳는다는 말은……

G·L 저는 제가 쓴 시를 통해서, 저의 시적인 말을 통해서 세계를 낳습니다.

L 좋아요. 그리고 닥쳐드는 목소리도 세계를 낳는군요.

G·L 네.

L 그래요. 그것이 가장 중요한 점입니다.

G·L 네, 목소리도 세계를 낳습니다. 세계를 낳는데, 그
증거로……

L 그 증거로?

G·L 당신에게 방금 말한, '푸른 새가 나를 죽이려 한다'
는 것은 제가 있는 경계가 없는 세계를 함의하고 있습니
다. 이야기를 아까로 되돌리자면, 저는 고립된 영역에 있
으면서 경계가 없는 상태로 존재하고 있습니다. 혼란스
러운 것은 알겠지만, 저는 정말로 피곤합니다.

L 이미 지적했지만, 닫힌 영역은 경계가 없다고 하는 것
과 양립하지 않습니다. 따라서 당신은 고립된 영역이라
는 식으로 구별하고 있는 겁니다.

G·L 네, 그러나 그 고립된 영역에서 저는 경계가 없는 상태로 존재하고 있는 겁니다. 고립된 영역에서 저에게는 경계가 없지만, 현실에서는 구별되어 있는 겁니다. 신체만으로도 구별할 수 있기 때문이지요.

L 좋습니다. 분명히 (당신에게 있어서는) 말 그대로입니다. 실제로는 고립된 영역에는 경계가 존재하지만요.

G·L 명백한 현실에서는 고립된 영역이 구별되어 있지만, 그렇다고 해도 그 영역의 한가운데에서 경계가 없는 상태로 존재한다고 해도 모순되지 않습니다. 당신은 기하학 용어를 사용하면서 생각하고 있지만요.

L 말씀대로 저는 기하학 용어를 사용하면서 생각하고 있습니다. 그건 옳은 일이지요. 반면 당신은 기하학 용어를 사용하여 생각하지는 않군요. 어찌 되었든 경계가 없는 상태에 있다는 것이 불안하지 않습니까? 아닌가요?

G·L 네, 불안합니다. 그렇지만 저는 꿈과 같은 세계나 형태에 머물러 있을 수는 없었습니다.

L 좋아요. 들은 바로는 입원할 당시에 당신에게 안 좋은 일이 일어났던 것 같군요. 그 일 때문에 당신은 입원하게 되었고요. 제가 이해한 게 맞다면 그건 자살미수였던 것 같은데, 무엇이 당신을 거기까지 이르게 했던 것일까요. 역시 당신의 친구 도미니크가 원인입니까?

G·L 아니에요, 아닙니다. 전혀 아니에요. 텔레파시 télépathie 때문입니다.

L 과연. 그에 대해선 아직 다루지 않았군요. 텔레파시라는 것은 어떤 것이지요?

G·L 생각이 전파되는 것입니다. 저는 텔레파시의 발신자입니다.

L 당신이 발신자라고요?

G·L 제가 하는 말을 듣지 않고 있군요.

L 그렇지 않습니다. 똑똑히 듣고 있어요. 당신이 텔레파시의 발신자라고. 그런데 일반적으로 텔레파시는 수신하

는 것이 아닙니까? 텔레파시란 당신에게 전해지는 내용을 알려주는 것이 아닌가요?

G·L 아닙니다. 그건 투시력voyance 같은 것입니다. 텔레파시는 생각을 전파합니다.

L 그렇다면 누구에게 전해지는 겁니까? 누구에게? 예를 들면?

G·L 저는 누구에게도 전혀 메시지를 보내지 않습니다. 제 머리 속에서 일어나고 있는 것이 텔레파시를 수신하는 사람에게 들린다는 겁니다. 저는 정말로 그것이……

L 예를 들자면, 저는 그것을 수신하고 있습니까?

G·L 모르겠습니다, 모르겠어요, 왜냐하면……

L 저는 그다지 우수한 청취자가 아닙니다. 그래서 당신의 그 시스템 속에서 막다른 곳에 이르렀음이 분명하군요. 하지만 제가 당신에게 한 많은 질문은 당신 자신으로부터 설명을 듣고자 했다는 것을 보여주는 것들입니

다. 당장은 당신의 세계votre monde라고 우리가 이름붙인 것이 함의하는 것 전부를 파악하는 데까지 이르진 못했지만요.

G·L 제 심상image에 있는 어떤 세계.

L 그 이미지는 실제로 존재합니까?

G·L 네.

L 그것(이미지)을 당신이 받아들이고, 그리고 보고 있군요.

G·L 텔레파시는 목소리의 수준에서 생겨납니다······ 저절로 생겨나는 말phrase émergent과, 그것에 대응해 만들어낼 수 있는 반성réflexion······ 그때그때 그렇게 하고 있기 때문이지만······

L 그렇군요. 당신은 저절로 생겨나는 말에 대해 항상 반성을 더하고 있는 것이군요.

G·L 아닙니다, 항상은 아니에요. 그래도 다양한 주제에

대해 반성합니다. 무엇이 텔레파시를 통해 전해지는지 알 수 없지만, 그것들은 이미지는 아닙니다. 그래도 결국 추측에 지나지 않지만요. 제가 저 자신임과 동시에 타인이 될 수는 없으니까요.

L 그렇군요. 그런데 어떻게 해서 다른 사람이 텔레파시를 받는다는 사실을 알 수 있지요?

G·L 그들의 반응을 보면 압니다. 혹시 제가 그들을 공격하거나, 허황된 이야기를 할 경우에…… 피넬에서도 의사가 저에게 그 질문을 몇 번이나 했지요. 제가 하는 것은 추론이에요. 누군가 어떤 사람에 관해서, 그 사람의 얼굴이 굳어지지는 않는지, 표정에 변화가 보이지는 않는지 등을 관찰합니다. 하기야 저는 다른 사람들이 인정할 만큼 객관적, 과학적인 관념을 갖고 있지 않지만요.

L 예를 들어, 저는 당신을 인정하고 있습니까?

G·L 그렇게는 생각하지 않습니다.

L 인정하지 않는다고요?

G·L 네, 그렇게 생각하지 않습니다.

L 그건, 제가 질문으로 당신을 난처하게 하고 있다는 걸 말해주는 것입니다만. 그러나 그것은 거꾸로 제가 어찌 할 바를 모른다는 것의 증거입니다. 이곳에서 저 외에 누가 당신을 받아들이고 있는지요?

G·L 모르겠습니다. 다른 사람에게 눈길을 줄 여유가 없기 때문입니다. 그런데 열성적이고 온순한 정신과 조수는 있군요…… 그래도 저는 유달리 환자들에게 눈길이 갑니다.

L 피넬의 동료들 말입니까?

G·L 피넬의, 맞습니다.

L 언제부터 그 텔레파시가 계속되고 있는 것인지요…… 즉, 다른 사람이 무언가를 수신하고 있다고 느낀 근거가 되는 그 지표는 언제부터?

G·L 1974년 3월 이후입니다. 그때 G는 저에게 파라노

이아성 망상이라고 진단을 내렸습니다.

L 당신은 그 파라노이아성 망상이라는 것을 믿고 있습니까? 저는 당신이 망상을 품고 있다고는 생각하지 않는데요.

G·L 당시에는 망상이 있었습니다. 당시 저는 매우 흥분했었고, 그리고……

L 그리고?

G·L 프랑스를 파시즘으로부터 구하고 싶었습니다.

L 괜찮습니다, 계속해 주세요……

G·L 저는 라디오, 10시의 〈프랑스 인터〉의 라디오 방송을 들으면서 그에 대해 중얼거리고 있었습니다. 그랬더니 피에르 부틸리어Pierre Boutilier가, 라디오 방송 종료 직전에 순간 이렇게 말했습니다. "그런 재능을 가진 청중이 있을지는 몰랐습니다." 그때 저는 라디오로 제가 말하는 것이 다른 사람에게 들리고 있다는 것을 눈치채게

되었습니다.

L 그때 당신은, 당신의 말이 라디오를 통해 다른 사람에게 들리고 있다고 느꼈다는 겁니까?

G·L 네. 그것 말고도, 제가 자살미수를 했던 때의 에피소드가 있습니다. 라디오 방송이 있었고, 저는 반복해서 생각했는데, 어느 부인이…… 그들은 잠깐 이야기를 나누고서 은밀하게 웃기에 저는 라디오에 말을 걸었습니다. 무슨 말을 했는지는 이미 기억이 나지 않지만, 그들은 이렇게 말하는 것이었습니다. "이것이 내가 무명의 시인에 대해 말하고 싶었던 것입니다." 정확히 이런 느낌은 아니었을지도 모릅니다. 그건 무관심 같은 것이지만, 무관심이 아니라, 애초에 무관심이라는 것은 존재하지 않기도 하고요. 어쨌든 그들은 무명의 시인에 대해 말했던 겁니다. 또 다른 때의 일인데, 〈로제〉라는 방송에 샹셀이라는 〈카날 앙셰네〉(Le Canard enchaîné; 프랑스의 주간 신문. 풍자색이 대단히 강한 것으로 유명하다)의 사장이 초대되었습니다. 그건 제가 자살미수를 일으킨 뒤였습니다. 방송의 엔딩에서 그들은 이야기를 나누고 있었습니다. 〈카날 앙셰네〉가 어느 정도 반反교권주의적인 면이 있다는

것은 항간에 잘 알려져 있는데, 곧 대담이 끝나려고 할 때에 그들은 이 화제를 언급하고 있었고 저는 그때 "로제 프레소는 성자다Roger Fressoz est une sainte"라고 무의식적으로 말했습니다. 그랬더니 그 두 사람 모두 자신들이 이야기하고 있던 것과는 상관없이 라디오에서 갑자기 웃었고, 어렴풋하고 부드러운 목소리로 "카날 앙셰네의 반교권주의는 용인될 듯합니다"라고 하는 말이 들려왔습니다. 그것은 순수하게 나의 상상의 산물인가, 아니면 그들은 정말로 내가 말한 것을 들은 것인가? 그들 두 사람 모두 텔레파시의 수신자인가, 그게 아니라면 내가 온전히 상상하고 창조한 것인가?

L 판단하기 어렵지요?

G·L 판단하기 어렵습니다.

L 그렇다면 당신은 방출되는 텔레파시, 투시와는 확실히 구분되는 텔레파시 때문에 (자살)미수를 한 것입니까?

G·L 아니요, 그것이 원인은 아닙니다…… 저는 주변 사

람에게 대들었습니다. 정말 공격적으로 대들었지요.

L 주변 사람에게 대들었다는 거군요.

G·L 왜냐하면 늘 부부싸움을 하고 있었기 때문입니다. 때문에 저는 그들을 매도했습니다. 어느 날 오후, 저는 O 에서 돌아왔습니다. O에 머물고 있었기 때문에……

L 그리고?

G·L 대량의 약을 복용했습니다……

L 그렇군요.

G·L 저는 이미 너무나 강한 불안을 느끼고 있어서, 생각이 정말로 다른 사람에게 들릴 정도가 되어 있었습니다.

L 그래요. 매도라는 것도 머릿속에서의 매도였을 텐데, 그 때문에 (자살미수를 했다)?

G·L 머릿속에서만, 입니다. 얼굴을 마주하고 욕하거나

한 것은 아니었습니다. 그들은 아파트의 위층에 있었는데, 제가 그들에게 (머릿속으로) 계속 공격하고 있었던 바로 그때 그들이 이렇게 소리치는 것이 (머릿속에서) 들려왔습니다. "루카 씨는 미쳤어, 그를 수용소에 보내야만 해" 같은 소리들이.

L 그리고 당신은 결심을 했고요……

G·L 저는 정말로 기분이 침울해져 있었습니다. 저는 몇 사람인가가 저의 생각은 물론 다소 색다른 저의 환상을 알아차릴 수 있다는 것을 알았기 때문에 이미 너무 불안한 상태였습니다. 동시에 라디오를 들으면서 시시하거나 대수롭지 않은 말을 하면 (라디오를 통해) 내가 말한 것이 들려오거나, 내가 바보취급 당하는 것처럼 느껴졌습니다. 제 기력은 점점 다해갔습니다. 어느 때부터인가 저는 텔레파시로 근처의 또 다른 주민을 욕했는데, 그 사람이 비스듬히 이쪽을 봤을 때 돌연 자살하고 싶다는 생각이 들었고, 그리고……

L 아니, 그런데…… 자살미수로 무언가가 해결되었습니까?

G·L 도망칠 수가…… 불안으로부터 도망칠 수가 있었습니다. 머릿속으로는 자살하겠다는 생각에 반대하고 있었습니다. 저는 "인생이란 인식을 얻기 위한 수단이다"라는 신조를 가지고 있습니다. 열네 살 때 병에 걸린 이후 살아가는 희망을 잃어버릴 때 이 말이 언제나 머리에 스쳐지나갔습니다. "만약 내가 죽는다면 알 수 없는 것이 있겠지." 저는 다시 태어나는 것을 믿지만 천국은 믿지 않습니다.

L 다시 태어나는 걸 믿습니까?

G·L 저는 윤회를 믿습니다. 열여덟 살 무렵의 어느 때인가, 저는 자신을 니체의 환생이라고 생각했습니다.

L 당신이 니체의 환생이라고 믿었던 건가요? 네…… 괜찮지 않을까요.

G·L 네, 그리고…… 저는 스무 살 때 아르토(1896-1948. 프랑스 작가, 시인)에 눈을 떴습니다. 사립학교 2학년 때에는 학업에 별로 흥미도 없었고, 제 사고나 정신적 발달은 거의 조화를 이루고 있지 않았습니다…… 제 사

고는, 정신적 발달은……

L 당시는……

G·L 열일곱 살이었습니다. 당시 저는 『명부冥府의 배꼽 Ombilic des Limbes』을 읽고 나서 아르토의 모든 작품을 샀고, 스무 살쯤 되어서는 제가 아르토의 환생이라고 느꼈습니다. 아르토는 1948년 3월 4일에 죽었고, 저는 1948년 9월 2일 출생이지요. 그는 1893년(실제로는 1896년) 9월 4일에 태어났기 때문에, 우리 둘은 모두 처녀자리입니다. 3월부터 9월 사이에는 시간차가 있지만, 아르토의 영혼과 정신은 6개월간 방황하다가 제가 태어난 1948년 9월 2일에 저에게 다시 태어났다는 걸 느꼈습니다.

L 정말로 그렇게 믿습니까?

G·L 지금은 저 자신이 니체나 아르토의 환생이라고 믿지 않지만, 다시 태어난다는 것은 늘 믿고 있습니다. 왜냐하면 제가 아주 어렸을 때 일종의 이중二重 환생의 꿈을 밤에, 밤의 꿈으로 꾸었기 때문입니다. 여덟 살인가 아홉 살 때였던 것 같습니다. 제가 환생에 대해 알고 있

을 리 없고…… 그 정도 연령에서는 말이에요. 윤회에 대해 관한 책도 읽지 않았었고요. 그 꿈속에서 저는 중세 시대에 있었습니다. 중세에 실제로 살고 있었던 것처럼 느껴졌습니다. 동시에 그 꿈속에서, 저는 약간 황폐한 성城 안에 있었습니다. 그리고 그 꿈속에서 또 꿈을 꾸었습니다.

L 꿈속의 꿈 말이지요.

G·L 저는 그 성을 훨씬 이전부터 알고 있었다는 생각을 했습니다. 중세보다 더욱 이전에 다른 전생을 경험했기 때문에 그 성을 잘 기억하는 것입니다. 그 성은 다소 황폐해져 있었지만, 알고 있었습니다.

L 그렇다는 건, 그 성은 중세 이전의 성이라는 겁니까?

G·L 아마도, 중세의 것입니다. 한 번의 생은 35년, 또는 50년보다 더 길 수는 없기 때문에. 꿈속에서 꾼 꿈도 거의 중세일 거예요. 성이 조금 황폐해지는 데도 50년에서 100년이 걸리겠지만. 그러나 이건 제가 생각한 가설입니다. 그렇지만 꿈속에서 생각한 것은 결코 아닙니다.

L 그렇다면, 그것은 당신이 생각한 가설이라는 것이지요.

G·L 저는 공중부양도 경험했습니다. 성장은 정말로 이른 시기에, 그러니까 열한 살 때 일어났습니다. 어느날······

L 성장이라고 하셨는데, 그건 어떤 것을 말하는 것인가요? 발기 말입니까?

G·L 그렇습니다.

L 그리고?

G·L 저는 공중부양을 하는 꿈rêve de lévitation을 꾸었습니다.

L 좋아요. 설명해 주십시오.

G·L 저는 자위행위에 열중했고 뭐라 말할 수 없는 쾌락에 빠졌는데, 그때 저는 공중에 뜨는 듯한 느낌을 받았습니다. 내가 정말로 공중에 떠 있었는가, 그게 아니라

면 오르가즘 때문에 일어난 착각인가? 생각해 보면, 저는 정말로 공중부양을 했던 것 같습니다.

L 네, 그렇다면 좋습니다. 그런데 지금부터 어떻게 할 생각입니까?

G·L 이대로 치료를 계속 받을 생각인데, 이제부터 말인가요? 장기적으로 말인가요, 아니면 단기적으로 말인가요?

L 장기적으로 말입니다.

G·L 전혀 모르겠습니다. 미래에 관해 뭐라 할 말이 없습니다.

L 한창 공부할 때는 아닌가요?

G·L 아니요. 이미 공부는 하지 않습니다.

L 현재로서는, 어떤 일도 하지 않는 것이지요……

G·L 일은 하고 있지 않습니다, 네.

L 앞으로는 어떤 식으로 일을 할 건가요······ 언젠가는 피넬에서 퇴원해야 합니다. 그럴 때 어떻게 다시 시작할 생각인가요?

G·L 혹시 불안이 줄어들어 대화를 할 수 있게 된다 하더라도······ 저를 무력하게 하는 텔레파시는 지속되겠지요. 왜냐하면 저의 모든 생각이, 저의 말에 의해서가 아니라 텔레파시로 다른 사람에게 들리게 되면 저는 즉시 몸을 움직일 수 없게 되기 때문입니다. 이런 텔레파시가 존재하는 한 저는 사회 속에서 살아갈 수 없겠지요. 왜냐하면 사회생활에서, 사회의 일상에서 이러한 텔레파시에 어떻게든 붙들리게 되고 말 것이기 때문입니다. 타인이 제 생각을 듣게 되면 일상생활에서 일을 하지 못하게 됩니다. 그건 불가능합니다. 저를 더욱 괴롭히는 것은······

L 그것이 조금이나마 완화된 것은 언제입니까?

G·L 14일 전부터입니다. M. 체르마크와 듀아멜 씨에게

몇 차례 진찰을 받은 덕분에, 상황은 조금 해결되었습니다. 하지만 실제로는 저의 비밀의 정원이 누군가에게 간파되었고, 제 생각과 반성은······

L 비밀의 정원jardin secret이란 건, 고립된 영역을 말하는 겁니까?

G·L 비밀의 정원에서는 반성, 다른 대상에 관해 할 수 있는 반성은 상상적인 것인데······ 혹시 당신 주위에 있는 누군가가 당신이 생각하고 있는 것을 알아차리거나 (머릿속으로) 직접 간섭해 온다면 어떻게 많은 일을 할 수 있을까요? 혹시 완전히 무방비로 노출된다면······ 혹시 제가 학생들에게 둘러싸여 그들이 제 이야기에 귀를 곤두세우는 상태가 된다면 저는 살아갈 수 없게 되겠지요. 1개월 전, 저는 정말로 상태가 나빠져서 줄곧 병상에 엎드려 있었습니다. 정말로 산산조각이 나서 자살을 또 한 번 계획했습니다. 이런 텔레파시에 지배되는 상태로는 살 수 없기 때문에. 항상 존재하고 있었던 것이 아니라 그때 이후로 생긴 것이라 해도······

L 무엇이 늘 존재하고 있었던 것이 아니라는 겁니까? 닥

쳐드는 목소리는 그에 앞서서 있었나요?

G·L 닥쳐드는 목소리와 텔레파시는 1974년 3월부터 시작됐습니다…… 당시는 파라노이아성 망상이 있었고, 파시스트 등과 싸우던 시기였습니다…… 머릿속에서는.

L 그 무렵, H의 진찰을 받았던……

G·L H의 진찰은 한 번밖에 받지 않았습니다.

L 그때, 닥쳐드는 목소리와 텔레파시라고 했던 종류의 현상이 있었나요?

G·L 그렇지는 않습니다. 다시 O로부터 돌아와서 제 주치의인 G에게 다시 진찰을 받았을 때, 그는 저에게 '당신의 텔레파시는……'이라고 했습니다. 그리고 25회에 걸친 전기마취électronarcose를 받았던 겁니다. 13회는 N에서, 12회는 O에서요. 어쩌면 그 때문에…… 저는 점점 불안해졌습니다. 이미 집중할 수도 없게 되었고, 전기마취 때문에 저의 뇌세포는 파괴되어 버렸지요.

L 당신의 생각은 그런 것이군요. 당신이 병에 걸리게 된 데 따르는 비극은 전기마취를 받았기 때문이라고.

G·L 전기마취는 치료 목적으로 이루어진 것이긴 합니다. 제 망상이 너무 심했었기 때문에요. 그때까지 제 시험 성적은 나쁘지 않았지만, S의 외래진료를 받을 때는 망상이 심해서…… 지적으로는, 제게 프랑스의 파시스트에 대해 질문하는 목소리가 들려와서…… 제가 품고 있던 인상이란 건 철학인가 기초수학의…… 모르겠어요, 집중할 수가 없어요. 장 클로드 보레라는 남자가 있었습니다. 파시스트들이 실권을 장악해서 ORTF(Office de Radiodiffusion-Télévision Française; 프랑스 방송협회, 예전부터 프랑스에 있었던 국영 TV-라디오) 시설을 습격했음이 분명하다고 저는 생각했습니다. 저는 머릿속으로 장 클로드 보레와 장 R을 서로 목 졸라 죽이게 했습니다. 당시 저는…… 우애라는 관념이 머리에서 떠나지 않았습니다…… 저는 S의 외래로 끌려가서 수학기호로 답했습니다. 누군가가, 원장이 질문했던 것 같은데, 저는 프랑스가 파시즘으로부터 구원받아야만 한다고 틀림없이 말했습니다. 저는 질문에 대해 수열과 시적인 상징으로 아주 솔직히 대답했지만, 저 자신은 그것을 기억하고 있지 않

습니다. 그걸로 망상이 있다고 판단한 겁니다.

L 결국 어느 쪽이 옳은 것일까, 의사일까요 아니면 당신일까요?

G·L 모르겠습니다……

L 그래도 결국, 의사에게 돌아갔군요.

G·L 돌아갔습니다. 자유의지libre arbitre를 가지고요.

L 당신은 자유의지를 필사적으로 지탱하려 하고 있군요. 지금까지 저에게 이야기한 바에 따르면, 당신은 어찌할 수 없는 사태로 괴로워하고 있는 것이겠지만.

G·L 네, 하지만……

L 하지만?

G·L 저는 희망을, 판단력과 대화 능력과 인격을 되찾고자 하는 희망을 지니고 있습니다. 그것이 가장 중요한 문

제임이 분명합니다. 제일 처음에 말씀드렸지만, 저는 제 키가 얼마나 되는지 모릅니다, 저 자신에 대해 확실히 파악할 수도 없고요.

L 이 정도로 좋습니다. 안녕히 가십시오. (악수한다) 당신에 대해 여러 가지 것들을 알게 되어서 기뻤습니다……

G·L 제가 쓴 것에 대해서 말입니까?

L 수일 내에 다시 만납시다.

G·L 감사합니다. 선생님. (나간다)

라캉의 코멘트

자세히 보면, 고전적 이론에 따라 기술된 임상연구는
문제를 충분히 논의하지 않았다는 것을 알 수 있습니
다. 언제였는지 잊어버렸지만, 1개월 반쯤 전에 이런 생
각으로 한 사람을 진찰했는데, 그는 프로이트적 정신병
psychose freudienne이었습니다. 오늘의 제라르는 라캉적인
lacanienne 정신병, 정말로 그 전형이었습니다. 닥쳐드는
목소리, 상상계, 상징계, 실재계. 그렇다 하더라도 저는
오늘 이 청년에 대해 그다지 낙관적이지 않습니다. 그는
닥쳐드는 목소리가 증오를 품고 있다고, 달리 말해 그가
텔레파시라고 부르는 것이 극심해진다고 느끼고 있습니
다. 현재 상황에서 그는 닥쳐드는 목소리가 들려오는 것
을 감내해 왔음에도 불구하고 더욱 악화되고 있다고 느
끼기 때문에 저는 실망하고 있습니다. 그에게는 살아서
(현재의 궁지에서) 벗어날 도리가 없다고 말할 수밖에 없
습니다. 그가 어떻게 해서 자신을 되찾아 갈 것인가, 저
는 전혀 짐작할 수 없습니다. 순조롭게 자살로 결말을
짓는 방법이 있겠습니다만.

그렇습니다. 오늘의 사례는 지금까지 기술된 적 없는, 샤
슬랭Philippe Chaslin과 같은 우수한 임상가들의 연구에서

조차도 본 적이 없는 타입이라는 사실을. 따라서 이는
더욱 연구되어야 할 것입니다.

제2막 이론편:

DATE

1976.02 -

UNE PSYCHOSE LACANIENNE

제2막에서는 제라르의 사례에 대한 라캉의 정신분석적 개입의 진정한 의도를 이해하기 위해 그것의 실마리가 될 이론을 1에서 5까지의 순서로 해설해 나간다. 다만 앞서 내용을 쉽게 개괄할 수 있도록 약간의 사전事前적인 개설을 하려 한다.

이른바 정상인이라는 것이 존재한다면, 그것은 거울단계와 그에 이어지는 오이디푸스 콤플렉스와 거세를 경험했다는 것을 의미한다. 그러나 고전적인 정신병 환자(조현병과 파라노이아 등)는 일단 거울단계를 경험하지만 오이디푸스 콤플렉스와 거세 경험이 배제되어 있다. 그렇기 때문에 성별의 분화나 현실감의 획득에 있어 빼놓을 수 없는 팔루스 기능이 작동하지 않고, 발병 이후는 거울단계 이전의 상태로 역행해 버리고 만다. 여기까지가 1960년대까지의 전기 라캉의 이론이다.

이에 비해, 본서의 주된 테마인 보로메우스 이론은, 1970년대라는 포스트모던의 막이 열렸던 시대에 점차 현저해진 경증 정신병에 대해, 오이디푸스 콤플렉스와 거세 개념, 팔루스 기능을 대신하여 구축된 후기 라캉의 이론이다. 비내성형非內省型 정신병은 전기 라캉의 이론에서 설명 가능한 고전적 정신병을 가리키며, 내성형 內省型 정신병은 후기 라캉의 보로메우스 이론에서 설명 가능한 경증 정신병을 가리킨다. 라캉이 제라르와의 인 터뷰를 끝내고 참가자를 향해 행한 코멘트 중에 언급한 '라캉적 의미에서의 정신병'이란 이 내성형 정신병을 가 리키고 있다.

1 거울단계

거울단계는 생후 6개월부터 18개월 사이에 위치한다. 자 기통일감을 얻을 만큼 신경계가 아직 발달하지 않았음 에도 불구하고, 이 시기에 자아와 자기신체상이 형성된 다. 거울단계에 선행하는 시기, 전前 거울단계는 멜라니 클라인Melanie Klein이 분열 포지션이라 부른 것에 해당 하며, 인간은 조각조각 나뉜 신체상을 가지고 살아간다. 발병 후의 조현병 환자는 말하자면 거울단계 이전으로 퇴행하는 것이다.

전 거울단계에서 인간은 자신의 신체와 어머니의 신체 사이, 또는 자신과 외부세계 사이에 어떠한 차이도 만들어낼 수 없다. 하지만 거울단계에 접어들면 어린아이는 점차 자신을 의식하게 된다. 실제로 아이가 거울 속의 자신을 관찰하고, 거울에 비친 주위를 보기 위해 돌아보는 것을 볼 수 있다. 여기서 아이의 몸짓과 환호를 통해 거울 속에 있는 자신의 상像에 대해 어떤 종류의 인지가 이루어지고 있음을 알 수 있다. 그리고 아이는 거울에 비친 자신의 움직이는 모습과 주위가 갖는 관계를 놀이를 통해 실험한다. 따라서 거울상이 어린아이에게 자신의 신체의 직관적인 형태를 부여해 줌과 동시에, 자신의 신체로부터 주위의 현실에 이르는 관계도 전해준다는 사실을 알 수 있다.

그러나 거울에 비친 신체상을 자신의 것으로 떠맡는 것에 있어 중요한 것은, 어머니에게 안긴 어린아이가 자신의 발견을 인정받고 싶어 하는 것처럼 그에게 시선을 보내주고 있는 어머니를 돌아본다는 점이다. 그리고 아이가 이러한 상을 자신의 것으로서 내재화할 수 있기 위해서는 대문자의 타자(이 경우는 어머니)에 의해 승인받아야만 한다. "그곳에 비친 것이 너야"라는 식으로. 이렇게 어머니의 승인에 의해 자아가 구성된다.

그런데 거울단계가 인간이 처음으로 자신이 인간이라는 것을 경험하는 원초적 사건이라 한다면, 인간이 자신을 인지하는 것은 타자의 상(주체의 외부에 있는 거울의 표면)을 통해서라는 셈이 된다.

또한 거울 속의 자신을 인지하는 것과 병행하여, 어린아이에게는 같은 연령대의 아이에 대한 특별한 행동이 관찰된다. 어린아이는 앞에 있는 타자를 흥미 깊게 관찰하고 그 행동을 하나하나 모방하여, 말 그대로 스펙터클 속에서 그 타자를 받아들이거나 마음을 끌려고 한다. 어린아이는 그러한 행동으로 타자를 본뜨고, 이에 따라 자신을 사회적으로 위치 지으려고 한다. 서로 마주한 어린아이들에게서 볼 수 있는 전가현상(轉嫁現象; transtivisme)은 실로 놀라운데, 여기서 아이는 문자 그대로 타자의 상에 사로잡혀 있음을 알 수 있다. 즉 때린 아이가 거꾸로 자신이 맞았다고 하면서 울어버리고 마는 것이다. 여기에서 알 수 있는 것은 상상적 심급, 즉 한 쌍의 관계, 그리고 자신과 타자를 혼동하는 데서 오는 인간 존재의 공격성이다.

이상으로 자아란 거울상이라고 결론지을 수 있다. 주체는 자신을 자신의 상, 즉 자아와 혼동하고, 모방을 통해 자신의 상과 자신이 동일하다고 상상적으로 사로잡히게 된다. 따라서 주체는 자아에 의해 소외되어 있는 것이다. 더구나 이 주체는 소외에 대해 무관심하기 때문에 자아에 의한 만성적인 오인誤認이 형성된다.

자아심리학과 라캉 정신분석학의 차이

라캉주의 정신분석학에서도, 인간 주체가 이른바 정상적
인 사회생활을 영위할 수 있기 위해서는 거울단계를 거
치고 타자와 동일시함으로써 타자의 상을 자아로서 받
아들여 타자의 신체상에 기초하여 자신의 신체상을 만
들어내고, 동일시된 타자의 욕망을 자신의 욕망의 일부
로 받아들여야 한다고 생각한다. 자아심리학 및 발달심
리학과 라캉주의 정신분석의 결정적인 차이는 전자가
자기 자신과 자아를 동일한 것으로 간주하고 있음에 반
해, 후자는 그것들을 구별하고 있다는 점이다. 이에 따
라 실천에서의 방향성이 크게 달라진다.

자아심리학과 인지행동요법에서는 환자의 약한 자아를
강화하고 이상 증상과 인격을 교정하여 사회로 복귀할
수 있는 수준, 말하자면 보통의 인간으로 성장시키는 것
을 목표로 한다. 반면에 라캉주의 정신분석 실천은 환자
의 자아가 거꾸로 필요 이상으로 강하고 단단하기 때문
에 환자 본인이 소외되어 있다는 점에 주목하고 개입해

간다. 구체적으로, 이는 자신과 자아의 분리작업을 철저
히 행하고, 분석 주체(환자)가 모든 자기애自己愛적 환상
을 뚫고 나가서 현실감각을 되찾으며, 사회적 명성, 평
판, 가정 내에서의 평가와는 무관하게 인간 고유의 존재
의 기점이 드러날 때까지, 즉 진정한 개성화가 실현될 때
까지 계속하는 타협의 여지가 없는 작업이다. 분석 주
체의 증상과 고통의 경감 자체를 목적으로 하지 않는다
하더라도, 앞서 기술한 바와 같이 정신분석의 이론과 윤
리에 따라 행해지는 작업인 이상 결과적으로 치료효과
또한 얻어진다.

이상은 신경증 환자를 상정한 이야기였다. 그렇다면 정
신병 환자에 대해서 라캉주의는 어떻게 개입하는가. 그
이론적, 실천적 해설이 이 책의 테마이다.

2 오이디푸스 콤플렉스, 거세

오이디푸스 콤플렉스(2세 - 3세)

프로이트는 1897년, 플리스Wilhelm Fliess(1858-1928, 독일

의 의사 겸 생물학자. 정신분석을 받았던 경험이 없었던 프로이
트에게 있어 가장 중요한 친구. 그와 편지를 주고받는 중에 오이
디푸스 콤플렉스에 대해 착상을 얻었다)에게 보낸 편지에서
다음과 같이 쓰고 있다.

> 다른 경우와 마찬가지로 내 경우에도, 어머니에 대한
> 사랑의 감정과 아버지에 대한 질투의 감정을 발견했
> 다. 내가 생각하기에, 그것은 히스테리 환자가 된 어린
> 아이들만큼(편집증에 있어서 가문—영웅, 종교의 창시자들—
> 의 '소설화'와 유사하게) 이르게 나타나지는 않았을지라
> 도, 모든 어린아이들의 공통된 감정이다.[1]

이와 같이 오이디푸스 콤플렉스기 아이들은 부모에 대
해 애정과 적의를 품는다. 오이디푸스 콤플렉스는 근친
상간적인 관계 그 자체가 필연적으로 투쟁을 거쳐 붕괴
에 이른다는 점을 함의하고 있다. 인간이 가장 자연적인
관계, 즉 남자와 여자라는 관계를 확립하기 위해서는 잘
만들어진 어떤 상, 조화의 모델인 제삼자, 법, 연쇄, 상징

---

1 ジークムント・フロイト,『フロイト フリースへの手紙 1887-1904 』, 河田晃 訳, 誠信書房,
2001年. p. 284. 한국어 번역은,『정신분석의 탄생』, 임진수 옮김, 열린책들, 2009, 167쪽. 본
문은 번역의 통일성을 꾀하기 위해 한국어 번역판의 내용을 따랐다.—옮긴이

적 질서, 발화라는 질서의 개입, 즉 아버지의 개입이 필요하다. 아버지라 할지라도, 그것은 자연적인 아버지가 아니라 아버지라 불리는 것을 뜻한다. 충돌과 완전한 파괴를 막는 질서는 이 아버지의 존재에 기초해 있다.

프로이트는 아버지에 대한 태도를 구체적인 예로 들고 있는데, 이것이 남자아이든 여자아이든 콤플렉스의 전개를 결정짓는 것이라 설명하고 있다. 이에 대해 라캉은 아버지의 상징적 기능, 즉 오이디푸스의 유효한 원리를 구성하는 것을 아버지의 이름이라 부른다. 아버지의 이름이 개입함으로써 어머니의 욕망에 대한 종속관계로부터 해방되며, 이성과의 관계를 가능케 하는 팔루스 기능을 이어받아 주체화의 길이 열린다. 이는 남자와 여자 모두에게 해당되는 것이다.

이와 같이 오이디푸스 콤플렉스가 달성됨에 따라 팔루스의 기능이 전수되어 남성 또는 여성으로 성이 정상화되며, 성에 관한 신체감각이 주어지면서 신체를 가지고 세계 내에 존재하고 있다는 현실감도 부여받게 된다. 이렇게 오이디푸스를 그려 본다면, 오이디푸스 기능이 상징적인 거세를 촉진한다는 점을 알 수 있다.

프로이트가 오이디푸스 콤플렉스나 토템과 터부에 집착했던 것은 그가 볼 때 법이라는 것이 명백하게 예전부터 거기 있었기 때문이었다. 인간의 성은 법에 의해 실현될 수밖에 없다. 이 기본적인 법이 바로 상징화라는 법이며, 바로 그것이 오이디푸스 콤플렉스가 말하고자 하는 것이다.

거세

오이디푸스 콤플렉스기와 동일한 발달단계에서 아이는 상징화의 기원점이 되는 승인―말하자면 무언가의 원초적인 부정이라고 해야 하는 것―, 즉 욕망의 원인으로서의 원초적인 대상과의 분리와 거세를 체험한다.

인간 주체가 최초로 현실을 이해하는 것은 '실제로 존재한다'는 판단이며, 그 본질은 "이것은 나의 꿈이나 환상, 표상이 아니라 대상이다"라는 것이다. 그러나 프로이트적인 현실원칙의 변증법이 보여주는 것은 주체가 욕망의 대상 그 자체를 '찾아낸다'는 것은 불가능하다는 것이다. 즉 동물계에서 볼 수 있는 바와 같이, 다소 실패를

경험하면서도 사전에 상당한 정도로 준비되어 있는 본
능적 적응이라는 자연의 물길과 선로를 따라 주체가 욕
망의 대상 그 자체에로 인도되는 것이 아니라, 거꾸로 주
체는 대리 대상을 '재발견'해야만 한다. 요컨대 욕망의
원인으로서 대상 그 자체의 출현은 기본적으로 환상이
라는 것이다. 현실원칙이라는 것은 바로 그런 것이다. 그
리고 이 대리 대상이 정도의 차는 있을지라도 욕구를
만족시키게 되는 것이다.

이렇게 하여 인간 주체는, 순수하게 상징적인 경험, 거
세 체험(욕망의 원인인 대상 그 자체가 아니라, 그 대리 대상을
통해 만족해야만 한다는 것을 배운다)을 통해 현실에 알맞게
위치 지어지고, 이는 현실감의 획득과 이성애를 가능하
게 하는 팔루스 기능을 이어받는다는 것을 의미한다.

프로이트는 거세의 우위를 결코 포기하지 않았습니다.
그것은 프로이트 이론의 물질적, 설명적인 면에서 시종
일관 인정받는 상수常數로서, 변화하는 것이 아니라 우
위에 서 있는 것입니다. 몇 개인가의 정신분석적 현상에
대한 글에 담겨있는 주체의 상호작용에 관한 이론적 발
전에서, 그는 거세의 우위를 다른 무언가에 종속시키거
나 상대화한 적이 한 번도 없었습니다. 거세에 필적하는

것이라든지, 그와 같은 가치를 가진 것을 날조한 것은 그의 추종자와 정신분석협회의 사람들입니다. 프로이트의 저작에서 팔루스라는 대상은 남자든 여자든 리비도 libido 경제에서 중심적 위치를 점하고 있습니다.[2]

3 아버지의 이름의 배제, 팔루스 기능의 배제 : 사례_ 슈레버

정신질환의 카테고리는 지금으로부터 약 100년 전에 크레펠린Emil Kraepelin(1856-1926. 독일의 정신의학자. 프로이트와 함께 현대 정신의학의 기초를 다진 인물 중 한 사람)에 의해 신경증, 정신병, 도착증으로 분류되었다. 프로이트와 라캉은 이 세 개의 카테고리를 오이디푸스 콤플렉스와 거세에 대한 구조로 받아들였고, 신경증에서는 거세 불안, 성도착에서는 거세의 부인, 정신병에서는 거세의 배제라는 구조로 이해하려 하였다.

이 단락에서는 정신분석 실천의 대상이 되는 신경증과 정신병을 전기 라캉 이론에 기초하여 이해해 보도록 한다.

---

2 ジャック・ラカン, 『セミネール 第三卷, 精神病 (下)』, 小出浩之 他 訳, 岩波書店, 1987年, p. 271.

신경증

거세 불안을 내적으로 억압한 감각은 외부를 향해 거꾸로 투영되고, 억압된 내용은 증상으로서 회귀한다.

억압의 내부에서 환자는 새롭게 생긴 현실과 타협할 수 있지만, 타협이 어려워지는 정도에 따라 이차적으로 현실로부터 부분적인 도피가 일어나고, 은밀하게 간직된 일부의 현실과 직면하지 못하게 될 수 있다. 즉 실재가 상징적인 방법을 통해 충분하게 외적 세계 속으로 재-분절화되지 못하고 현실감이 희박해질 수 있지만, 신경증 환자는 오이디푸스 콤플렉스와 거세를 경험했으므로 팔루스 기능은 가지고 있기 때문에 뒤에서 언급할 정신병 환자와 같이 현실감과 자명성을 상실하는 것과는 다르다.

정신병

모든 상징화에 선행하는 단계에서 일부가 상징화되지 않을 수 있다. 환자의 존재에 관한 원초적인 어떤 것이 상징화 속으로 들어가지 않는 것, 즉 억압되는 것이 아니라 배제가 일어날 수 있다. 이것이 아버지의 이름의 배제이며, 전기 라캉의 정신병 이론의 가장 큰 특징이다.

배제에 관한 프로이트의 발언을 인용하면서 라캉은 다음과 같이 말하고 있다.

"(그가 그것을 부정했다고 하는 것은) 그것과는 전혀 상관을 않겠다는, 즉 그것을 억압했다는 뜻이다."[3] 실제로 억압이라는 의미에서는, 알고 싶지 않다고 생각하는 것을 어떤 의미에서 알고 있다는 것입니다. (중략) 억압이라는 의미에서조차 환자가 그것에 대해 알려고 하지 않는 것이 있다면 억압과는 다른 메커니즘이 상정됩니다. '배제'라는 말은 지금 말한 문장과 그 수 페이지 전부터의 문맥과 관련해서 제시되어 있습니다.[4]

오이디푸스를 경험하지 않은 신경증은 존재하지 않지만, 정신병에서는 오이디푸스가 기능하지 않는다.

아버지라 불리는 것이 기능하기 위해서는 어머니가 아버지의 말, 즉 아버지의 권위를 중시하는 것이 필요하다. 그런데 거꾸로 아이에게 실수와 무능, 기만과 같은 태도

3 한국어 번역은, 『늑대 인간』, 김명희 옮김, 열린책들, 2010, 295-296쪽.
4 ジャック・ラカン, 『精神病 (上)』, p. 250.

를 보이지 않는 이상적인 부친에게도 아버지의 이름이 기능하지 않는 것이 특수한 빈도로 관찰된다.

정신병 환자는 아버지의 이름이 배제되어 오이디푸스 콤플렉스와 거세를 경험하지 않았으므로 팔루스 기능도 배제되어 이성애를 하는 데 곤란을 겪을 수 있다. 따라서 예컨대 대표적인 정신병의 하나인 파라노이아 환자에게서는 동성애적 경향이라는 무의식적 충동이 관찰되기도 한다.

라캉은 프로이트가 파라노이아 환자로 언급한 다니엘 파울 슈레버Daniel Paul Schreber 의장의 사례를 재해석했다. 상세한 내용은 다음으로 미뤄두겠지만, 설명을 위해 간단하게나마 논하자면 슈레버의 경우 또한 부친에 대해 여성의 입장에 놓여 있었다. 이 외에도 라캉은 정신병의 예로서 사춘기 남자아이의 사례를 세미나에서 언급했다. 이 아이의 사례로부터도 정신병의 발병 이전에 남성성, 팔루스 기능의 배제가 일어났음을 읽어낼 수 있다.

카탕Katan은 슈레버의 전前 정신병기에 해당하는 시기보다도 훨씬 이른 시기의 사례를 보고하고 있습니다. 즉 정신병으로 변화해 가는 것을 직접 관찰할 수 있었던 것입니다. 그 사례는 사춘기의 남자아이였습니다. 카탕은

이 사례의 전 정신병 시기 전체를 분석하였는데, 이 환자에게는 남자다움이라는 형태로 자신을 실현할 수 있는 단계에 도달한 것이 아무것도 없었다고 이야기하고 있습니다. 모든 것이 결여된 것입니다. 그리고 혹시 이 아이가 남자다운 태도를 익히게 된다고 해도, 다른 친구의 흉내를 내거나 들러붙거나 하는 것 외에는 없었습니다. 이 아이도 친구와 똑같이 사춘기의 성적 자각에 따르는 행위, 즉 마스터베이션으로 손을 더럽힙니다. 그러나 이후 친구가 이 행위를 금지 당함에 따라 이 행위를 멈춥니다. 그리고 그 아이에게 자신을 동일화해서 자신을 뛰어넘기 위한 일련의 수련을 시작합니다. 환자는 이렇게 해서 마치 엄격한 아버지 아래에 있는 것처럼 행동하게 되었지만, 실은 그 친구의 아버지야말로 엄격한 아버지였던 것입니다. 그리고 머지않아 이 환자는 친구와 마찬가지로 한 여자아이를 좋아하게 되었지만, 마치 우연한 것처럼 그 여자아이는 친구가 좋아하던 여자아이와 같았습니다. 그 친구와의 동일시가 이대로 좀 더 진행됐다면 여자아이는 이 환자의 품에 안기게 되었겠지요.

여기에서 헬레네 도이치Helene Deutsch 부인이 분열증 증후학의 의미심장한 지점으로 꼽은 '마치 □□□인 듯이 as if'이라는 메커니즘이 확실히 나타나고 있음을 이해할 수 있을 겁니다. 이것은—여기서 세 개의 영역으로 나누는 것의 유용성을 확인하고 싶습니다만—상상적인 대리물이라는 메커니즘입니다. 즉 그것은 그의 남성성을 아버지의 이미지라는 형태가 아니라 시니피앙signifiant이라는 형태로, 즉 '아버지의 이름'이라는 형태로 부여받았을 오이디푸스, 그 오이디푸스의 부재의 상상적인 대리물입니다.[5]

팔루스는 이성애를 가능케 하는 시니피앙이지만, 성과 관련해서도 신체감각은 물론 신체를 가지고 세계 내에 존재하고 있다는 현실감을 부여하는 시니피앙이기도 하기 때문에, 그 기능이 배제되어 있는 정신병에서는 외적 현실과의 사이에 구멍, 단절, 분절, 갈라진 틈이 있게 된다. 즉 정신병 환자는 인간 경험의 일상적인 것, 누구에게나 있는 것을 지지해주는 끊임없는 담론에 관한 어떤 결락, 현실감과 자명성의 상실이 나타난다.

그렇다 할지라도 발병 전의 정신은 간신히 안정되어 있는 상태이다. 알기 쉬운 비유를 써 보자면, 다리가 네 개 달린 테이블에 다리 하나가 없는 상태를 생각하면 될 것

---

5 ジャツク·ラカン,『精神病 (下)』, p. 60.

이다. 테이블은 세 개의 다리로 겨우 지탱할 수 있지만, 거기에 부하가 걸리게 되면 결국 쓰러지게 된다. 그렇게 보았을 때 빠져 있는 한 개의 다리가 아버지의 이름에 해당하고, 테이블이 넘어지게 되는 단계가 정신병 발병의 시점이다. 실제로 발병 후의 환자는 대문자의 타자, 아버지가 없는 삶의 현상에 직면하고 당혹한다. 대문자 타자, 즉 아버지가 완전히 배제됨에 따라 두 개의 소문자 타자만으로 닫혀버리고 마는 것이다.

이 경우에 주체는 소문자 타자와의 사이에 욕구불만과 공격성이라는 관계밖에 가질 수 없게 된다. 따라서 이 소문자 타자가 주체를 부정하여 상상적 소외관계가 지배하게 된다. 이 소외관계는 거울단계의 관계와는 완전히 반대로, 주체는 기관器官적 다양성, 즉 신체가 토막나 있는 상태에서 거울단계 이전으로 역행한다.

정신병에서도 비교적 경증인 파라노이아 환자는 발병 후 망상이 자연스럽게 구축되는데, 그것이 방파제 역할을 하여 전 거울단계로 완전히 퇴행하는 것은 간신히 모면하며, 얼핏 봤을 때 인격 수준을 가지고 있어서 사회생활을 할 수 있다. 반면, 조현병에서는 망상이 이와 같이 지탱해 주는 역할을 하지 못하고, 병의 힘에 압도되어 전 거울단계까지 밀려들어가며 환청 등의 환각이 출현한다.

"내적으로 눌려버린 감각이 (중략) 외부를 향해 새롭게 투영된다."—이것은, 억압된 것과 억압된 것이 회귀하는 것을 의미합니다—"라는 말은 옳지 않습니다. 거꾸로 우리는 거절된 것이 (중략) 외부로부터 회귀한다고 말해야만 합니다."[6]

배제된 아버지의 이름이 외부로부터 환각으로서 회귀한다. 이 단락은 슈레버 의장에 대한 해설로 끝낸다.

슈레버의 사례

전 작센 주 고등법원 원장 다니엘 파울 슈레버 법학박사의 사례. 최초 발병은 1884년 가을로, 당시 켐니츠 Chemnitz 주의 지방법원장이었던 슈레버가 제국의회에 입후보했을 때였고, 1885년 말에 완쾌되었다. 당시 이 환자를 6개월간 자신의 진료소에서 진료한 것이 플렉지

---

6 ジャック・ラカン, 『精神病(上)』, p. 75.

히Flechsig 박사였다.

두 번째의 발병에 앞서 1893년에 그에게 근처의 고등법원 원장으로의 임명이 통보되었다. 이 무렵 어느 날 아침, 수면에서 깨어나는 상태에서 '여자가 되어서 복종적인 성행위를 당한다면 얼마나 멋질까'라는 생각을 했다. 같은 해 10월 1일에 원장직에 취임하지만, 같은 달 말에 불면증이 발병하여 다시 플렉지히 박사의 진료소에 갔으나 그곳에서 그의 증세는 급속히 악화되었다. 박해迫害 망상에 시달리게 되어 많은 사람들, 그중에서도 그가 처음으로 많은 신세를 진 플렉지히 박사를 수차례 비난했다. 환시나 환청도 빈번하게 일어났다.

1894년 6월, 피르나Pirna의 존덴슈타인 정신병원에 입원했는데, 그곳에 입원해 있던 중 환각성 망상상태가 진행되었고, 파라노이아 증상이 점점 강해졌으며 고착화되었다. 한편 그는 복잡한 망상을 구축해 갔고, 다른 한편으로는 자신의 인격을 재구성하면서 인생의 다양한 과제를 깔끔하게 해결하는 솜씨를 보여주었다.

입원 중에 슈레버는 착란상태에 이르지 않았고, 정신활동이 제지되지도 않았으며, 그의 지능 또한 특별한 장애를 입은 것 같지도 않아 보였다. 그의 의식은 명료했고,

기억력도 우수했으며, 법률적인 내용뿐만 아니라 많은 다른 영역에 있어서도 방대한 지식을 모아서 질서 있게 사고할 수 있었다. 그는 정치, 과학, 예술 등에 흥미를 가지고 끊임없이 그것들과 교류를 유지했다. 그럼에도 불구하고 환자는 병적인 망상에 잠겨 있었다. 그 망상은 하나의 완전한 체계를 가지고 있었고, 일정 정도 고착된 것이어서 정정하기 어려운 것이었다. 환자는 자신이 아직 생활력이 있다고 생각해서 정신병원으로부터 퇴원할 계획에 착수했다. 병원의 원장 베버Guido Weber 박사는 당초 이 환자의 요구를 맹렬하게 반대했지만, 결국은 이 요구를 용인할 수밖에 없었다.

1900년 베버 박사의 보고서는 아래와 같다.

지난 9개월 동안 재판장 슈레버 씨는 우리 집에서 매일 함께 식사를 했기 때문에, 나는 갖가지 이야깃거리를 가지고 그와 충분히 대화할 수 있었다. 행정과 법에 관련된 분야건, 정치, 미술, 문학, 사교계의 이야기건, 즉 어떤 주제가 나오든지(물론 그의 망상을 제외하고) 슈레버 박사는 활기찬 흥미를 보였고, 아는 것도 많았고, 기억력이 좋았으며, 판단력도 훌륭했다. 더욱이 그의 윤리관은 따르지 않을 수 없었다. 또 식사 때 모인 여자들과 한담

을 할 때 그는 예의 바르고 싹싹했으며, 농담조의 이야
기를 할 때면 변함없이 기지가 넘치면서 정중한 태도를
보였다.(후략)[7]

자신의 자유를 얻기 위해 재판소에 반복해서 제출한 진
술서에서 슈레버는 자신의 망상의 존재를 조금도 부정
하지 않았으며, 자신의 소중한 '회상록'을 세상에 공표하
려는 의도 또한 감추려 하지 않았다.

결국 파라노이아 환자 슈레버에게 내려져 있던 금치산
선고가 1902년 7월에 해제되었다. 그다음 해에는 그의
『어느 신경병자의 회상록』[8] 이 출판되었다.

그의 망상체계를 요약하자면, "그는 세계를 구제하여 잃
어버린 행복을 다시 이 세상에 가지고 오는 것을 자신의
사명이라고 확신하고 있다. 그러나 그것이 실현되기 위
해서는 그가 먼저 남성으로부터 여성으로 성을 바꿔야
만 한다"는 것이다.

망상의 최종단계에 대해서는, 1899년에 존덴슈타인 정
신병원 원장 베버 박사로부터 제출된 보고서에 상세하

---

7 ジークムント・フロイト, 『フロイト 著作集 9』, 小此木啓吾 譯, 人文書院, 1983, pp. 287-
  288. 한국어 번역은, 『늑대 인간-프로이트 전집 9』, 김명희 옮김, 2004, 열린책들, 114쪽
8 한국어로는, 『한 신경병자의 회상록Denkwürdigkeiten eines Nervenkranken』(김남시
  옮김, 자음과 모음, 2010)으로 번역되었다.―옮긴이

게 나타나 있다.

환자의 망상 체계는 결국, 자기가 세상을 구원하여 인간
이 잃었던 천국의 행복을 찾아주어야 할 사명을 가지고
있다고 믿는 순간에 절정에 이르렀다. 그는 예언자들에
게 그랬듯이, 신이 직접 신령으로 인도하여 그 일을 맡
겼다고 주장했다. 그의 신경은 오랫동안 지나치게 흥분
되어 있었는데, 그런 흥분 상태는 신을 끌어당기는 성질
이 있기 때문에 그에게 신령이 내려올 것이라는 주장이
었다. 그런데 이것은 인간의 경험에 속하지 않는 일이고
또 그에게만 보였기 때문에, 인간의 언어로는 거의 표현
할 수 없는 것이었다. 그러나 그가 여자로 변형되기를 바
란다고 추측하면 안 된다. 이것은 '만사의 법칙'에 따라
'그래야만' 되는 일에 속하는 것이었다. 그래서 개인적으
로는 인생에서 명예롭고 남성적인 상태에 있는 자신의
처지에 그대로 남아 있기를 바라지만 그것을 피할 도리
가 없는 것이었다. 그 자신이나 인류는 그가 여자로 변
형되지 않고는 보다 나은 생활을 다시 얻지 못한다. 그
가 여자로 변형되는 것은 신성한 기적에 의해 일어날 것
이며 수년, 혹은 수십 년이 걸릴지도 모르는 과정이다.
그는 자신에게만 신성의 기적이 일어난다고 확신하고 있

었고, 그래서 자기가 지구상에 살았던 어떤 인간보다 비범한 사람이라고 믿었다. 수년간 쉴 새 없이 그는 자신의 몸에서 이런 기적을 겪었고, 자기와 대화를 나눈 목소리를 통해 그 사실을 확인했다고 했다. 발병 초기의 몇 년간 그의 장기는 보통 사람 같았으면 이미 죽었을 정도의 상처를 입었다고 했다. 그는 오랫동안 위가 없이, 장이 없이, 폐가 거의 없는 상태로, 식도가 갈라진 채로, 방광이 없이, 또는 갈비뼈가 부서진 채로 살았고, 또 가끔 음식을 삼킬 때 자기의 인두를 함께 삼켜 버리기도 하는 등의 상처를 입었다고 했다. 그러나 신성한 기적('빛살')이 파괴되었던 것을 원상 복구시켰고, 그래서 그가 남자로 남아 있는 동안에는 그는 영원히 죽지 않을 것이었다. 이런 놀랄 만한 일들은 오래전에 끝났고 대신 그의 '여자다움'이 강해졌다. 이것은 완성되려면 수십 년 아니면 수세기가 걸릴 과정이고, 지금 살아 있는 인간 중에는 그 끝을 볼 때까지 살아 있을 사람이 없을 것이다. 그는 몸속에 이미 '여자 신경'이 많이 들어와 있음을 느끼고 있었고, 신에 의해 직접 잉태되어 새로운 종류의 인간이 그것으로부터 태어날 것이라고 했다. 그러기 전에는 그는 자연스럽게 죽을 수 없고, 또 모든 인류와 함께 천국의 행복을 회복할 수 없을 것이었다. 한편으로는 태양뿐 아니라 나무나 새들도 그에게 인간의 말투로 이야기하며 온갖 기적적인 일들이 그의 주변에서 일어나는 것이다. 그 나무나 새들은 사실은 '전에 살았던 인간의 영혼에서 일어난 기적의 잔영인 것이다'.[9]

정신분석적 해석

처음 한 차례 발병했을 때 여성이 된다는 망상이 나타났고, 최초에는 그 망상이 격렬한 피해망상의 결과 체험된 것으로 진단되었다. 자신을 박해하는 것은 처음은 플렉지히 교수였고 나중에는 신神이 그 역할을 맡게 되었다.

슈레버는 51세에 중요한 직책인 고등법원 판사회의 의장으로 승진했지만, 고된 직무로 인해 1개월 후에 과로에 시달리게 되었고, 두 번째의 발병에 이르러서는 세상을 구원해야 한다는 생각과 과대망상으로 발전했다. 슈레버 의장의 망상은 실패의 감정이라기보다 성공의 아찔함에서 유래하고 있는데, 이는 그에게 남성으로서의 기능인 팔루스 기능이 배제되어 있음을 시사한다. 두 번째

---

9 『フロイト 著作集 9』, pp. 288-289. 한국어 번역은, 『늑대 인간-프로이트 전집 9』, 115-117쪽.

발병 이후, 그에게는 갈기갈기 찢긴 자기신체상이라는 환각(앞 절의 인용문 참조)이 생기게 된다. 이는 전 거울단계로의 퇴행을 보여주는 현상이다.

슈레버 의장의 경우, 이러한 결여는 남자라는 원초적 시니피앙의 결여를 의미하는 것이 될 것입니다. 몇 년간 슈레버는 이 시니피앙에 대등한 것처럼 가장할 수 있었습니다. 즉 그는 다른 사람들과 마찬가지로 남자로서의 기능을 가지고 있는 것처럼, 그리고 누군가인 것처럼 보였습니다. 그러나 남성성만큼은 실로 그에게 그 무엇인가를 의미하고 있습니다. 왜냐하면 망상이 침입했을 때 그의 필사적인 저항이 그 자신의 성에 관한 의문이라는 형태로 돌연히 나타났기 때문입니다. 즉 그것은 '여성이 되어서 복종적인 성행위를 당한다면 얼마나 멋질까'라는, 외부에서 들어오는 환상과 같은 부름입니다. 망상의 발전을 보자면, 그에게는 성으로서 자신을 실현하고 확인하는 방법은 자신을 여자라고 인정하는 것, 여성으로 변화해 버린 사람이라고 인정하는 것 이외에 없었음을 알 수 있습니다. 이것이 망상의 주축이 되어 있습니다.[10]

10 ジャツク·ラカン, 『精神病 (下)』, p.161.

여성으로의 전환이라는 생각이야말로 망상 형성의 최초의 맹아였으며 분출점이었다. 그는 때때로 여성의 장신구를 몸에 걸치고, 반라의 상반신 상태로 거울 앞에 서서 자신을 비추어 보기도 했다. 드레스덴에 가기 전의 잠복기에 꾸었던 꿈을 반추해 본다면, 여성으로 전환한다는 망상이 그 꿈의 실현과 다름 없음이 명백해진다. 당시 그는 남성으로서의 의지에 따라 이 꿈에 저항했다. 그러나 1875년, 그는 성전환과 화해하기 시작하고, 그것을 신의 더 높은 의도와 연결 짓게 되었다. 이러한 탈脫남성화 망상을 실행함과 동시에 그가 했던 것, 즉 자신을 구제하기 위해 착수했던 일이 회상록의 발표였다.

슈레버가 그려내고 있는 세계는 언어로는 표현할 수 없는 증상이 지난 후, 즉 그에게 들이닥친 괴롭고 쓰라린 대혼란이 지난 후에 간신히 다다른 어떤 착상에 따라 쓰인 것이며, 이로 인해 그는 정신병을 지배할 수 있다고 생각했다. 그 착상이란 자신이 신의 여자가 되는 것이었다. 이렇게 생각하고 나면 모든 것이 이해되고 정리된다. 나아가 전 인류의 경우에도 마찬가지로 모든 것이 정리된다. 그것은 신과 특별한 연결점을 가진 그가 존재의 깊은 곳까지 위협받는 인간성과 신의 힘과의 매개자 역

할을 맡고 있기 때문이다. 신의 여자로서의 자신을 위치
시키려 하는 화해 속에서 모든 것이 정리된다.

우리들은 슈레버가 주저하면서도 (중략) 양가적으로 점
점 동의해 가는 사이에, 혼란한 세계를 어떻게 해서 재
구성해 갔는가를 한걸음씩 짚어갈 수 있습니다. 그는 이
혼란한 세계로부터 벗어나는 유일한 방법, 즉 내적인 소
란 때문에 조각나버린 랑가주langage의 토대를 만들어
가는 욕망과 침입하는 실체와의 관계 속에서 얼마간이
나마 안정될 수 있는 유일한 방법이란 자신이 여성이 되
는 것을 받아들이는 것이라고 점차 인정하게 되는 것입
니다. 결국, 우매한 남자가 되기보다 현명한 여자인 편이
더 낫지 않은가라는 것입니다. 이렇게 해서 점점 그의
신체에는 여자와의 동일화라는 이마주image가 침입합니
다. (중략) 따라서 처음으로 그는 세계가 그에게 닥친 최
초의 위기로부터 표면상으로는 그만큼 변화하지 않았다
는 것을 깨달은 것입니다. 현실이라는 감각이 회귀하는
것입니다.[11]

11 ジャツク·ラカン, 『精神病 (下)』, pp.176-168.

팔루스 기능의 배제를 반영하는 탈남성화·여성화라는
망상이 배제된 아버지의 이름을 대신해 구멍을 메웠고,
현실감이 회귀했다. 이에 따라 슈레버 사례는 최종적으
로 해결을 보았다.

마지막으로 라캉의 아름다운 표현으로 이 단락을 닫고
자 한다.

정신병은 지진의 여파로 나타난 얼어붙은 혼돈을 나타
내는 것이 아니라, 반대로 멋진 해결방법이 있는 문제가
제기될 때 사람들이 입을 열게 만드는, 그러한 능률곡선
의 탄생을 나타내고 있습니다.[12]

4 보로메우스 이론, 아버지의 이름의 결여
/ 팔루스 기능의 결여 : 사례_ 조이스

1970년대가 되면 제2막의 두 번째 단락에서 논한 오이
디푸스 콤플렉스, 거세 개념을 전제로 한 정신병 이론
만으로는 실천의 현장에서 완벽히 대응할 수 없게 된다.

---

12 ジャック·ラカン, 「精神病のあらゆる可能な治療に対する前提的な問題について」,
    『エクリⅡ』佐々木孝次 他 譯, 弘文堂, 1977, p. 339.

그것은 1968년의 이른바 5월 혁명이라는 징표로서 표출된 사회구조의 급격한 대중화가 사람들의 정신증상에 변화를 일으키기 시작했기 때문이다.

프랑스 정신의학에는 '병자 제시'라는 샤르코 이래의 전통이 있어서, 지도적인 위치에 있는 사람이 다른 임상가들 앞에서 입원환자를 공개적으로 진찰하고, 진찰이 종료한 후에 그 사례를 검토한다. 라캉도 1950년대부터 일관되게 생탄 병원에서 이러한 병자 제시를 해 왔는데, 1970년대에 들어가면서부터 제라르의 사례를 시작으로 하여 사회의 대중화를 반영하는 정신증상의 변화를 목도하게 된다.

즉, 망상과 환각이라는 고전적인 파라노이아와 조현병 증상이 현저하지 않으면서도, 현실감·신체감각의 결여, 새롭게 언어를 만드는 행위를 시발점으로 하는 특이한 언어 사용, 집단으로부터의 고립, 기묘한 언동, 이성관계의 결여, 독특한 집중감 결여, 사회와 법에 대한 일탈행위라는 특징으로부터, 신경증이 아니라 정신병이라고 판단할 수밖에 없는 환자와 만나게 된다. 사회의 대중화(대문자 타자의 부재화)가 진척됨과 동시에 정신병 또한 대중화되어온 듯했다.

그러한 변화가 나타나기 시작한 시기에 라캉은 이를 민감하게 관찰하였고, 먼저 오랜 기간 동안 절판되어 있던 그의 박사논문 「인격에 관한 편집증적 정신병에 대하여De la psychose paranoïaque dans ses rapports avec la personnalité」의 복간을 허락했다. 이는, 신경증과 정신병의 경계가 선명하지 않다는 것과 동시에 망상의 정의 자체가 자명하지 않게 되었다는 것을 반영하고 있으며, 종래의 아버지의 이름과 거세 개념을 중심으로 하는 구조주의적 해석만으로는 이에 대응할 수 없게 되었다는 것을 여실히 나타내고 있었다.

그러한 바탕에서 라캉은 질 들뢰즈Gilles Deleuze와 펠릭스 가타리Félix Guattari처럼 안티 오이디푸스를 주창하는 것이 아니라, 오이디푸스를 뛰어넘는 새로운 정신병 이론을 만들어내는 쪽으로 향했다. 그 무대가 되었던 것이 1975년에서 1976년 사이에 '생톰sinthome'을 주제로 진행한 세미나였다. 제라르의 사례도 이 세미나 중에 언급되었다.

여기서 거슬러 올라가 1972년에서 1973년 사이의 '앙코르encore'라 이름 붙여진 세미나에서 라캉은 인간 주체의 구조가 상징계, 상상계, 실재계라는 세 개의 고리로 만들어지는 보로메우스 매듭에 의거한다고 주장하였다. 세미나 '생톰'은 여기에 더해 이 세 개의 고리로부터 만들어지는 보로메우스 매듭이 풀어지는 것을 정신병의 구조에 비유하였다.

'아버지의 이름'(아버지를 정점으로 하는 계급을 함의한다)의 배제로 인해, 서로 등가적이며 상보적인 관계의 세 개의 고리로 만들어지는 보로메우스 매듭이 풀린다는 패러다임 전환은 유럽 사회에서 부권父權이 실추되었던 것과 호응한다.

이 세미나에서 라캉은 아일랜드 출신의 제임스 조이스 James Joyce(1882-1941)의 작품들을 실마리로 그의 정신분석을 진행한다. 그의 진단에 따르면 이는 특수한 조현병, 즉 전 거울단계까지 퇴행한 것 같지만 완전히 퇴행하지는 않은 조현병이었다. 따라서 조현병 증상을 보이면서도 인격이 붕괴되는 데까지는 이르지 않고 만년까지 소설을 계속해서 발표할 수 있었던 것이다. 아니, 정확히는 에크리튀르(쓰는 행위)가 있었기 때문에 인격을 가까스로 가질 수 있었다고 해야 할 것이다.

라캉은 이 에크리튀르에 해당하는 부분을 생톰, 요컨대

상징계, 상상계, 실재계에 이어지는 제4의 고리로서 새롭게 도입한다. 생톰의 고리가 정신병자의 보로메우스 매듭이 풀리지 않게 붙들어 매어 주는 것이다.

라캉은 조이스와 직접 만나서 진찰한 적은 없었지만, 조이스 자신이 투영되었다고 상정되는 소설들을 단서로 삼아 작가의 증상을 해석해 갔다. 지금부터 세미나 '생톰'에서 조이스의 중심적인 병리가 강조된 대목을 살펴보며 후기 라캉의 정신병 이론을 해설하기로 한다.

아버지의 이름의 결여, 팔루스 기능의 결여

『율리시스』는 조이스가 그의 전부를 부정하는 부친에게 깊게 뿌리내려 있다는 근거를 보여주고 있습니다. 그것이 틀림없는 그의 증상입니다.[13]

(조이스는) 주정뱅이였지만 한편 아일랜드 가톨릭교도였던, 즉 광신적인 아버지의 고향 더블린에서 태어났습니다. (중략) 그러나 조이스의 음경陰莖은 조금도 도움이 되

---

13 Jacques Lacan, 「Le seminaire livre ⅩⅩⅢ」, 『Le sinthome』, Seuil, Paris, 2005, p.70.

지 않았기 때문에, 말하자면 그의 예술은 팔루스의 책
무를 대신 보충해 주었습니다.[14]

그 자신(블룸)이 (남자와 여자) 두 개의 성 가운데 어느 쪽
인지 확실하지 않다고 생각했었기 때문에 자신이 부父인
지 모母인지를 자문할 뿐이었습니다. 조이스의 텍스트의
구석구석에 걸쳐 분명히 확인할 수 있는 것은, 조이스가
그의 아내에 대해 모친과 같은 감정을 품고 (접하고) 있
었다는 것입니다. 그는 그녀를 자신의 태내에 잉태하고
있는 것과 같았습니다.[15]

『도망자들』을 읽어보면 조이스의 증상에 진정 다가설
수 있게 됩니다. 중심적인 증상은 물론 성적 관계의 근
본적인 결여라는 어쩔 수 없는 증상 말입니다. 그러나
그 결여에도 양태가 필요합니다. 그것이 어떤 양태라도
상관없다는 것은 아닙니다. 그것은 조이스를 그의 아내,
즉 노라에게 동여매는 것으로, 그러한 통치 하에서 그는
『도망자들』을 생각해낸 것입니다.[16]

14 같은 책, p. 15.
15 같은 책, pp .73-74.
16 같은 책, p. 70.

그런데 혹 제 이야기를 따라 여기까지 이해해 왔다면 이 장갑이 완전히 무해하다는 것이 아님을 아시겠지요. 뒤집어진 장갑, 그것이 노라입니다. (중략) 그녀는 조이스에 대해 장갑과 같이 기능했습니다. 제가 이 방향으로 이야기를 진행하는 것은 변덕 때문은 아닙니다. 조이스에게 있어 여성은 하나입니다. 요컨대 그것은 언제나 같은 타입의 여성이고, 그는 엄청난 혐오감을 가지고 장갑을 손에 끼우는 것처럼 그러한 여성을 접해 왔습니다. 최악의 평가에 의해서야만 그가 노라를 선택받은 여성으로 삼았다는 것이 분명해집니다. 그녀가 조이스에게 장갑으로서 기능했다는 것만으로는 부족하고, 그녀가 장갑과 같이 그를 조여야만 했던 것입니다. 그녀가 무언가 도움이 되었던 점은, 전혀 없습니다.[17]

먼저 조이스의 아버지는 조이스와 어머니의 근친상간적이자 관계로 비집고 들어가서 그에게 상징계의 법을 가르치는 상징적인 아버지의 기능을 다하지 않았다는 것을 알 수 있다. 이는 전기 라캉 이론에서 아버지의 법의 배제와 같은 사태이다. 실제로 조이스의 아버지는 알코

17 같은 책, p. 84.

올 중독으로 조이스의 교육을 완전히 포기한, 말하자면 한심한 아버지였다.

그 결과로서 제2막의 2, 3단락에서도 보았던 것처럼 팔루스 기능에 지장이 생겼음을 예측할 수 있는데, 실제로 조이스는 이성애를 하는 데에 핸디캡을 갖게 된다. 라캉에 따르면, 그가 유일하게 관계를 가진 이성인 노라와의 관계는 서로에게 장갑의 겉과 속과 같은 관계, 즉 대칭관계이며, 남자와 여자라는 비대칭적인 관계가 아니었다. 또, 조이스에게는 어머니와의 이자 관계 속으로 침입하는 제삼자로서의 아버지가 결여되어 있었기 때문에 그는 도착증 환자처럼 어머니와 동일시하였고, 실제로 노라를 어머니처럼 대했다. 한편 노라는 조이스에게 흡사 장갑이 압박하는 것처럼 대하였다. 이 표현에서 조이스 자신의 노라에 대한, 전 오이디푸스기의 유아가 어머니가 가진 본모습을 알 수 없는 욕망을 앞에 두고서 품는 환상과 망상(고야 작품에 나오는 자신의 자식을 먹는 사투루누스Saturnus와 같은)을 읽어낼 수 있다.

이상으로 조이스에게서 제2막의 셋째 단락에서 본 아버지의 이름의 배제, 즉 팔루스 기능의 배제를 볼 수 있는데, 라캉이 본 세미나에서 배제forclusion가 아닌 결여

carence라는 말을 적용하고 있다는 점에 주목하고자 한다. 이 시기의 그는 보로메우스 매듭의 풀어짐에 의거하여 아버지의 이름·팔루스 기능의 결여를 이해하고 있었기 때문이다.

상상계 고리의 탈락

(조이스의) 같은 반 학생들이 그를 가시철사로 책상에 결박하고 폭행하였습니다. 그 놀라운 사건의 주범격인 학생은 헤론이라는 이름으로, (중략) 헤론은 다른 몇 명인가의 학생의 손을 빌어 일정한 시간 동안 조이스를 계속 때렸습니다.
사건이 일어난 후 (중략) 그는 모든 문제가 과일 껍질이 벗겨져 떨어지듯 해결되었다고 했습니다. (중략) 괴로워하거나 대항하는 등 사건과 떨어질 수 없는 마음의 요동이 있었을 터인데, 조이스가 보여준 바에 의하면 4,5명의 학생에게 몽둥이로 두들겨 맞은 후에도 그러한 심리적 반응이 없었습니다. 조이스의 경우에는 시간이 빨리 지나가서 과일의 껍질처럼 떨어져 나가고 싶다고 소망할 수밖에 없었습니다.

신체적으로 폭행을 당해도 그에 대해 감정을 품지 않는 사람이 있다는 것은 흥미 깊은 일입니다. (중략) 매우 인상적인 것은, 그가 사용한 은유, 즉 과일 껍질이 홀렁 벗겨지듯이 무엇인가가 벗겨져 떨어졌다는 표현입니다. (중략) 그는 괴로운 추억을 이대로 놔둘까 내쫓을까 한 듯합니다. (중략) 자아가 자기애적이라고 불리는 까닭은, 일정한 정도로 신체를 이미지로서 받아들이는 무언가가 있기 때문입니다. 조이스의 경우, 방금 사례 말고는 신체 이미지가 그와 관계를 가지고 있지 않다고 판명되었는데, 하지만, 이에 비추어 볼 때 그에게 있어서는 자아가 극히 특수한 기능을 가지고 있다고 할 수 있지 않을까요?[18]

이전 단락의 결론에서 팔루스라는 시니피앙이 잘 기능하지 않아 성별화의 혼란과 함께 신체감각과 현실감에 이변이 생겼음을 이야기했다. 실제로 조이스에게도 같은 반 학생으로부터 폭행을 당했음에도 불구하고 아프다는 감각과 분하다는 감정은 끓어오르지 않았다. 라캉은 여기서 신체 이미지에 관한 상상계의 고리가 "과일의 껍질

18 같은 책, pp. 148-150.

이 쑥 벗겨져 떨어지는 것처럼" 보로메우스 매듭이 풀려 버려서 원래 상징계와 실재계의 고리의 교차에 의해 나타나는 팔루스적 향락(주이상스)이 소실되고, 신체감각과 현실감이 상실되었다고 해석한다.

생톰

내가 최초에 생톰이라 정의한 것은, 매듭이 실패함에 따라 풀려버린 상징계, 상상계, 실재계를 다시 붙들어 맬 수 있게 하는 것입니다. (중략) 저는 이것이 조이스에게 일어난 사태의 핵심이라고 생각했습니다. 조이스의 증상의 발단은 그에게 '아버지'가 결여되어 있다는, 근본적으로 결여되어 있다는 점입니다. 저는 (조이스라는) 고유명을 둘러싼 일체의 것들에 초점을 맞추었고 (중략), 그가 자신의 명성을 욕망함에 따라 부성父性의 결여를 보충할 수 있었다고 생각했습니다. (중략) 조이스의 예술은 특수하기 때문에 생톰이라는 용어가 멋지게 맞아 떨어집니다.[19]

---

19   같은 책, pp. 94.

목소리에 관해서, 조이스에게 닥쳐드는 목소리가 존재하지 않았다고는 할 수 없습니다. 초기의 평론부터 시작해서 『젊은 예술가의 초상』을 거쳐 『율리시스』에 이르고 『피네간의 경야Finnegan's Wake』로 끝나는 그의 일련의 노작에서, 그의 예술에서 어떤 의미의 '진화'에 있어, 조이스에게 닥쳐드는 목소리는 최초에는 그대로 문자가되고 점점 부서져 조각나, 결국 언어 자체가 해체되어 버릴 때까지 이르게 된 것이지요. 이 점은 올해 처음으로 다룬 것인데, 필립 솔레Philippe Sollers가 이를 멋지게 언급하고 있습니다. 조이스의 언어는 드디어 언어 그 자체가 음소音素적 흔적을 더 이상 남기지 않을 때까지 금이 가서 분해되었습니다.

여기서, 쓴다는 행위에 의해 반성이 이루어졌다는 것에 의문의 여지는 없습니다. 쓴다는 행위를 거쳐서 닥쳐드는 목소리는 분해된 것입니다.[20]

세 개의 고리가 풀려버린 보로메우스 매듭을 보수해 주는 생톰으로서, 조이스에게는 소설을 쓰는 행위(에크리튀르)가 있었다. 쓴다는 반성행위를 통해 그는 병적 체험에 대항하려 했던 것이다. 그럼에도 불구하고 조이스의 소

20 같은 책, pp. 96-97.

설은 시간이 지남에 따라 문체가 해체되어 독해가 불가
능하게 되는데, 이를 통해 그의 조현병이 점점 진행되어
(초기 조현병과 정신자동증mental automatism에서 자생적 사고
와 자신의 생각이 목소리가 되어 들리는 단계로부터 환청 단계로
의 악화) 전 거울단계까지 퇴행해 버리는 과정을 읽어낼
수 있다고 라캉은 말한다.

그리고 그의 딸, 루시아 역시 전형적인 조현병자였다.

아버지의 이름의 결여라는 계보

즉, 조이스는 그녀를 의사에게 진찰받게 하는 것을 완고
하게 거절했는데, 단 하나만큼은 확실히 했습니다. 요컨
대 그녀에게는 텔레파시 능력이 있다고요. 그는 편지 속
에서 이 점에 관해 쓰고 있는데, 거기서 그는 루시아가
다른 누구보다도 훨씬 지성을 갖추고 있으며, 어떤 사람
(의 내면)에게 일어나고 있는 모든 것을 (기적에 의해서라
고 단언하고 있지는 않더라도) 조이스에게 전해주고 있었고,
따라서 그녀에게는 다른 사람들이 비밀을 감출 수 없었
다고 쓰고 있습니다.

여기에 당혹스러운 무언가가 있을까요? 저는 루시아가 정말로 텔레파시 능력을 가지고 있다고는 조금도 생각하지 않습니다. (중략) 제가 생각하기에, 이렇게 말해도 좋다면, 조이스는 자신의 딸을 지키기 위해 당장은 그 자신의 증상이라 불리는 것의 연장을 그녀 안에서 보고 있었던 것이 아닐까요.

조이스의 사례를 접하고 저의 환자의 경과를 상기하지 않을 수 없었습니다. (중략) 어찌 되었든, 제가 제일 처음 생탄 병원의 소위 병자 제시의 사례로서 다룬 환자의 예를 생각해 보면, 조이스가 루시아를 지키기 위해 그녀에게 텔레파시 능력이 있다고 말한 것은, '아버지'의 결여가 진정 의미하는 바를 그 자신이 스스로 증명하고 있다는 사실을 명백하게 보여주고 있습니다.[21]

조이스의 아버지가 상징적인 아버지의 역할을 다하지 않았음과 마찬가지로, 루시아의 아버지, 즉 조이스 자신도 그녀에게 있어 아버지의 역할을 다하지 않았다. 분명히 그녀에게는 아버지가 배제되어 있었던 것이다. 여기에서 정신병자 가족의 부성 은유隱喩의 배제와 결여라

---

21 같은 책, pp. 96-97.

는 세대 간 연쇄를 볼 수 있다. 생물학적 정신병리학이라면 여기에 DNA에 원인이 있음을 상정하겠지만, 라캉주의 정신분석은 아버지의 이름의 배제라는 우연의 연속을 확인한다.

지난주 금요일 병자 제시에서 저는 '닥쳐드는 목소리'라는 생톰으로 시작된 분명한 정신병 사례를 담당했습니다. (중략) 그 병자 제시 이래로 저의 주의를 끈 것을 말하자면 그 환자의 상태가 악화일로에 있다는 점입니다. 그는 목소리가 닥쳐든다는 감각을 경험한 이래로—제 견해에서 이 감각은 신뢰할 만한 것입니다만—그 자신이 텔레파시라고 부르는 것으로 인해 괴로워하고 있었습니다. 그러나 그것(텔레파시)은 일반적인 의미, 즉 타인의 생각이 그에게 알려지는 것이 아니라 자신 안에 은밀하게 일어나고 있는 것, 요컨대 극히 사적인 내용, 닥쳐오는 목소리와는 별개로 그에게 생기고 있는 반성이라는 것이 모두에게 알려진다는 것입니다.

예를 들면, 비겁한 정치적 암살sale assassinat politique, 또는 이와 많이 비슷한 경멸적인 정치적 원조sale assistanat politique라는 말이 그에게 들려옵니다. 여기서 시니피앙이 동음이의同音異義적으로 변화해 가는 것을 잘 알 수 있겠지요. 경멸적인 원조 또는 비겁한 암살 모두가 정치적인 것인데, 이에 대해 그는 은밀히 '그러나'로 시작하는 반성적 사고로 대응합니다. 하지만 그를 광기로 몰아세우는 것은, 닥쳐드는 목소리라고 그가 간주하는 것에 대해 만들어진 반성의 내용이 다른 사람 모두에게 좋든 싫든 알려지게 된다는 생각입니다.

따라서 그는 그 자신이 말한 바와 같이 텔레파시의 발신자입니다. 바꿔 말하면, 이미 그에게는 비밀 따위는 없고 이를 유보할 여지도 전혀 없었습니다. 때문에 그는 결말, 즉 소위 자살을 시도했으며, 이런 상태였기 때문에 그는 입원하였고 결국 저는 그에게 관심을 가졌던 것입니다.[22]

세미나 '생톰'에서 언급된 이 사례가 제1막에서 등장한 제라르의 사례이다. 구조주의적 정신병 이론으로부터 보로메우스 이론을 채택하는 후기 라캉의 정신병 이론으로 이행해 가는 과정을 이해하기 위해서는 조이스와 마찬가지로 제라르의 사례를 빠뜨릴 수 없다. 그러나 그 사례를 해설하기 전에, 이와 거의 동시대에 독일의 블랑

22   같은 책, pp. 95-96.

켄부르크Wolfgang Blankenburg라는 정신병리학자에 의해 다루어진 사례를 참조하기로 한다. 보로메우스 매듭의 풀림을 보수하는 생톰이라는 라캉주의 정신분석의 개념이 정신의학 임상에 있어서도 널리 그 사정권을 가지는 점을 이해함으로써, 제라르 사례에서 라캉의 정신분석적 개입에 대한 진정한 이해를 얻을 수 있을 것이다.

5 내성형 정신병과 비내성형 정신병 :
사례_ 안네 라우Anne Rau

1975년에서 1976년에 걸쳐 라캉이 제창한, 보로메우스 매듭이 풀리는 것을 생톰이 보수한다는 타입의 정신병과, 블랑켄부르크 등이 지적하는 내성형 정신병을 비교하는 것은 오늘날의 정신과 임상에서 정신병을 이해하는 데 있어 매우 의미가 깊다.

블랑켄부르크는 자신의 책 『자명성의 상실Der Verlust der natürlichen Selbstverständlichkeit—Ein Beitrag zur

Psychopathologie der schizophrenen Alienation』[23] 에서 정신병 환자의 정태성情態性, 즉 정서생활과 기분의 영역이 아니라, 체험한다는 것을 규정하는 초월론적인 틀 및 자기와 세계와의 관계의 존재 방식의 변화를 주제로 논의를 진행하고 있다. 정신병 환자는 정태성이 변화하여 그 결과로 현실감과 삶의 실감, 실체적 감각이 상실되어 허구적인 고뇌, 무관심, 천박함, 맥 빠짐, 단조로움, 지지감支持感 결여와 불안정감에 지배된다. 블랑켄부르크는 이러한 정태성의 변화에 주목하여 정신병에 관한 논의를 진행해 가는데, 그로부터 정신병을 아래와 같이 비내성형과 내성형 두 개의 타입으로 분류하고 있다. 비내성형은 조현병의 전형적인 예와 같은 정신병, 내성형은 조이스와 제라르의 사례와 같이 보다 경증의 정신병에 해당한다.

(a) 비내성형 : 자기와 세계에 대한 이해가 정태성의 변화에 따라, 말하자면 휩쓸려버려 소실되어버린 경우. 마이어 그로스Mayer-Gross가 말한 '은밀한 압도'라는 유형이 이에 해당한다. 극단적인 형태로 사리판단의 지반을

---

23 ヴォルフガング・ブランケンブルク, 『自明性の喪失―分裂病の現象学』, 木村敏 他 譯, みすず書房, 1978.

제거당하며, 어떠한 형태의 대결과 질서 회복을 시도할 여지가 남지 않는다. 둔감함, 공허함, 무관심함을 시작으로 거의 모든 정신활동이 황폐해진다.

(b) 내성형 : 자아와 세계에 대한 이해가 기반의 변이로 인해 나타난 정태성의 변화에 따라 움직이지 않는 경우. 정태성, 특히 공동정태성의 자연적인 기반이 상실되는 정도에 따라 자연적인 정태성의 기초를 이루는 사리판단을 멈추어 버린다. 사리판단은 순수한 확인까지로 줄어들어 버릴 수 있다. 정태적인 것이 아니게 된 이러한 사리판단은 무정태성의 사리판단까지 퇴행할 수 있다. 특정한 불가해함(뮐러 주어Müller-Suur)이 환자들 자신의 중심 테마, 즉 중심 내용이 된다. 이는, 예를 들면 이 절에서 안네 라우가 되풀이해서 반복한 "나는 어떤 것도 전혀 이해할 수 없습니다……"라는 절망적인 중얼거림에 명확히 표현되어 있다. 이러한 환자(안네 R, 칼-하인츠 E, 빌헬름 G, 헬무트 W, 엘리자베트 H, 칼-하인츠 Z, 울리히 E 등) 모두가 가진 높은 수준의 자성성自省性과 일상생활의 매우 사소한 문제를 해결할 수 없게 되는 무능력 사이의 커다란 간극이 특징이다. 그들은 자율적으로 사리를 판단하며, 망상화까지는 이르지 않는다.

(a)에 관해 : 조현병이 발병한 후에는 '은밀한 압도'에 의해 전 거울단계로 되밀려 버려 '어떠한 형태의 대결과 질서회복의 시도의 여지도 남기지 않게' 된다. 그러나 파라노이아의 경우에는 '은밀한 압도'에 대해 자율적으로 구축된 망상이 방파제가 되어 전 거울단계까지는 퇴행하지 않고 인격 수준이 어느 정도 보존된다. 어찌 되었든 이 타입의 정신병에서는 닥쳐드는 광기에 대해 의식적으로 대항할 수 있는 수단은 없다.(망상의 형성은 의식적이 아니라, 무의식적, 자율적이라는 점에 주목하자.)

(b)에 관해 : (a)와 비교해서 보다 경증 타입의 정신병. 전 거울단계까지 되돌아가게 하려는 정신병의 역동에 '높은 수준의 자성성', 즉 생톰의 작용이 대항할 수 있는 레벨. (a)의 망상 형성과는 다르게 자성성과 생톰 모두 기본적으로 의식적, 능동적인 자기치유의 시도라는 점이 중요하다. 특히 조현병에서 구조-역동적 원리로서의 내성성의 의의는 심코Simcoe가 고찰하였다. 그는 내성성을 자아와 무의식 간의 대결로 파악하며, 기록을 통한 자기관찰과 능동적 자기제어의 두 형식을 기술하고 있다. 우리의 사례에서는 조이스가 전자, 안네 라우가 후자, 제라르가 양 쪽 모두에 해당한다. 어쨌든 이러한 내

성성의 고도화가 그 자체로서는 여전히 건강한 정신생활로부터 유래한 최후의 보상 가능성을 보여주며, 생톰으로 보로메우스 매듭을 보수하는 데에 도움이 된다는 점은 비교적 경증 정신병의 사례에서 뒷받침된다.

이상과 같은 내용을 근거로 하여 『자명성의 상실』에서의 안네 라우의 사례를 보도록 한다.

안네 라우의 사례

1964년 10월 14일, 20세의 여자 점원 안네 라우는 시판되고 있는 수면제 70알을 먹고 자살을 기도하였고, 블랑켄부르크가 근무하고 있는 병원에 입원했다.

가족력에 정신병이 있는지는 알려져 있지 않지만, 아버지 쪽의 조부는 술로 인해 요절했다. 아버지는 점점 가족을 신경 쓰지 않고 심지어는 연상의 여자와 정분을 맺었지만, 아이들을 위한 배려로 결혼생활은 어떻게든 이어질 수 있었다. 그러나 안네가 입원하기 반 년 전부터 부모는 별거하고 있었고 이혼소송이 진행되고 있었다.(그 후 머지않아 실제로 이혼했다.)

가족 전체가 아버지에 의해 큰 고통을 당했다. 안네가 가장 큰 피해자였는데, 아버지는 처음부터 딸과 관계가 가장 나빴다. 두 살 반 때 손가락을 빤다는 이유로 아버지로부터 심하게 맞았다. 아버지는 그녀가 하는 행동이 마음에 들지 않았다. 그녀는 손톱을 깨무는 버릇이 있었다. 그것이 심했던 때는 열다섯부터 열여덟 살에 걸친 기간이었으며, 이는 스무 살이 다 될 때까지 계속되었다. 그것은 마치 누더기를 다루는 것과 같은 동작이었다. 한편 어머니는 딸을 온전히 감싸줄 수 없었다. 정확히는 부녀 관계에 대해 기이한 인상을 받을 만큼 객관적이고 냉정한 태도를 취하고 있었다.

안네는 어릴 때부터 외톨이였고 방치되어 있었지만, 어른스럽고 불평 한마디 없는 착한 아이였다. 아버지가 집에 거의 돈을 주지 않았기 때문에 어머니가 낮에 일하러 나가야만 했고, 그래서 아이들을 잘 보살필 수 없었다. 어머니는 부부 사이가 좋은 것처럼 보이려고 했지만 아이들의 눈을 속일 수는 없었다. 가정 내의 다툼이 일상다반사가 되었다.

초등학교 때부터 친구는 없이 항상 혼자였지만 공부는 좋아했다. 열네 살 즈음까지는 성적이 좋았지만 시간이

지나면서부터 수학을 어렵게 여기게 되었고, 성적이 내려갔다. 그것만으로도 어머니는 더 이상 학교에 가게 하는 것이 의미가 없다고 생각했고, 경제적인 사정도 있어 고등학교 진학을 포기하고 상업실습을 했는데 여기에는 흥미를 가졌다. 가정 문제를 제외하면 당시는 어떤 이상도 없었고 행동 면에서도 특히 눈에 띄는 점이 없었다.

초경初經은 열두 살쯤이었는데, 여느 아이들과는 달리 그녀는 남자에 흥미를 갖지 않았다. 같은 반 학생들이 섹스 이야기를 해도 그녀는 대화에 끼지 않았다.

1962년, 안네는 상업실습을 마치고 당시 오빠가 대학에 다니던 X시에 있는 회사에 취직했다. 당시 그녀는 묘하게 아이 같은 성향을 보였고, 가끔 이상한 질문을 했다. 다른 사람들처럼 한 사람 몫의 일을 열심히 해 보았지만 잘 되지 않았으며, "안락한 가정이 없어. 이제 평온한 장소가 필요해"라고 입버릇처럼 말했다.

1964년 봄 안네는 혼자 힘으로 Y마을에서 가족을 위한 주택을 구했고, 곧이어 그곳에 어머니와 동생이 이사해 와서 같이 살게 되었다. 마침내 부모님의 이혼이 성립됐지만, 이에 관해 그녀는 일절 관심을 보이지 않았다. 이 마을에서 그녀는 4주간 공장에서 일했는데, 다른 사람들이 이상한 눈으로 자신을 바라보며 우습게 여기는 것 같은 기분이 들어 어느새 견딜 수 없는 상태가 되었다.

매일 저녁 집으로 돌아올 때면 자신은 인간으로서 글러 먹었다, 문제가 계속 생기는 바람에 뭐가 뭔지 알 수 없게 되었다, 자신은 입장이 명확히 서 있지 않다, 견실한 사람이 아니라서 오늘 일은 벅차다, 라고 되뇌며 괴로워하는 모습을 보이자 결국 어머니가 일을 그만두게 하였다. 그 후로도 어머니와 의논해 가면서 여러 일을 전전했지만, 늘 온갖 상념에 사로잡혀 잡다한 생각과 의문이 머릿속에서 떠나지 않았다. 당연한 일이라도 그녀에게는 알 수 없는 일이 되었으며, 자신이 다른 사람들과 같은 사람이라고도 생각할 수 없게 되었다. 부자연스럽고 기이한 일들을 한 번에 질릴 만큼 많이 생각하곤 했다. 어떤 일도 이해할 수 없게 되었고, 무엇을 해도 잘 되지 않았다. 이윽고 그녀는 아무것도 믿을 수 없게 되었다. 신도 믿지 않았으며, 타인과의 관계도, 자신의 입장도, 어머니에 대한 신뢰도, 그에 더해 대인관계도, 모든 것이 죄다 사라져버렸다. 길에서 모여 있는 사람들과 마주치게 되면, 자신이 생각하고 있는 것을 다른 사람이 꿰뚫어보고 있다는 기묘한 느낌을 받게 되었다.

이 기묘한 느낌은 어머니에 대해서도 생겼다. "엄마 제발
요, 그건 엄마의 관점인 걸요. 저는 엄마를 전혀 모르겠
어요." 이러한 상태가 수개월 지속되던 끝에 자살미수에
이르렀다.

입원 후의 소견

환자의 체격은 튼튼하고 비만형. 내과적, 신경학적으로
병적 소견 없음. 지능지수는 연령대의 평균적인 수준. 자
폐적인 자기중심성과 순진함이, 또 극도의 폐쇄성과 주
위에서 하는 대로 맡겨두는 주체성 없음이 동시에 공존
하고 있는데, 이러한 모순이 강한 특징을 이루고 있었다.

이야기는 곧 언제 끝날지도 모르는 혼잣말이 되어갔다.
그녀가 이야기하는 방식은 같은 말을 되풀이하거나 도
중에 끊어지기도 했고, 지리멸렬하게 되는 경우가 많았
다. 말이 조리가 맞지 않는 일도 있었다. 자신은 생각이
도중에 끊기고 갑자기 아무것도 알 수 없게 된다고 하지
만, 진정한 의미의 사고탈취thought withdrawal는 확인할
수 없었다. 새로운 언어를 만드는 것도 때로 확인할 수

있었다.

생각이 밀어닥쳐 괴로운 체험도 했는데, 그 내용은 "낮에 확실히 눈을 뜬 상태의 꿈과 공상" "무언가가 안으로부터 나온다" "갖가지 생각에 짓눌리고 있다. 어떻게든 그걸 거스르려고 해도 안 된다" 등이었다. 이것이 화제에 오르면 언제나 눈에 보일 정도로 표정이 부자연스럽게 뒤틀리는 등 마음이 동요했고, 이러한 체험이 공포스러운 것이라는 점이 역력해 보였다.

몇 개월 사이 환자는 같은 번민과 의문을 끈질기고 단조롭게 반복했다. 그것은 우선 자연스러운 자명성의 상실에 대한 것이었으며, 어머니는 물론 다른 사람도 이해할 수 없는 것이었기 때문에 근본적으로 알기 힘든 것이었다. 다음이 그것의 구체적인 예이다.

정말로 소중한 것, 그게 없으면 살 수 없을 것 같은 것, 그것이 저한테는 없어요.

저는 아직 도움이, 아주 간단하고 일상적인 것에 대해서도 아직 도움이 필요해요. 저는 아직도 아이라서 여전히 자신이 없어요.

동작이라든지 인간다움이라든지 대인관계라든지, 거기에는 전부 규칙이 있어서, 누군가가 그것을 지키고 있어요. 그렇지만 저는 그 규칙을 아직 확실히 모르겠어요. 그러니까 뭘 해도 잘 안 되지요.

무언가가 빠져 있어요. 그것이 무엇인지 알 수 없어요. 무엇이 부족한지, 그것의 실체를 모르겠어요. 무언가를 잊어버리고 있는 것 같은 느낌. 생각이 정리되지 않기 때문에 안정이 안돼요.

인간은 자신의 한계를 알고 그걸로 만족하고 마음의 안정을 찾아야 하는데, 저는 자신의 한계를 몰라서 언제나 어색하고 그저 다른 사람들에게 맞지 않게 행동하고 있는 것뿐이에요.

세상에 대한 자신의 생각, 산다는 것은 어떤 것인가에 대한 생각, 그것이 저에게는 충분하지 않아요. 그러니까 입을 다물고 움직임을 멈추는 것 외에는 없어요.

말의 확실한 의미라는 감각이 없어져 버렸어요. 예를 들면 병이라든지 괴로움이라든지 일상생활이라든지요.

그녀는 이러한 증상을 자신의 구체적인 생활사적 상황과 연관지어 생각해 보는 것을 싫어했다. 하지만 이러한 의문에 대한 답을 그녀는 항상 갈구했다. 때문에 끊임없이 하나하나 생각해서 자신이 자신을 판단했다. 감정이 없는 만큼, 그것을 메우기 위해서 의식적으로 이유를 생각함으로써 보충하는 것이 필요했다. 퇴원한 이후 주치의가 바뀐 것을 알게 되었고, 1986년 그녀는 자신의 인생에 종지부를 찍었다.

블랑켄부르크 및 라캉적 고찰

입원 직후 수일간은 인격발달 지체에서 비롯된 심각한 이상체험반응(애착장애)이라고 밖에는 생각할 수 없었다. 모든 것이 요컨대 신경증적인 성숙 위기의 범위 내에서 이해될 수 있는 것으로 생각되었다. 그러나 진찰을 하는 가운데 당돌하면서도 부적절한 느낌이 드는 표정의 움직임, 변덕스런 행동거지, 사고장애(생각이 정리되지 않음), 입원 이전으로 거슬러 올라가는 작업 능력의 급격한 저하가 관찰되어 애착장애의 병리만으로 설명할 수 없게 되었고, 따라서 발병 후 얼마 지나지 않은 정신병이라고 판단하는 것이 타당했다.

강박사고forced thinking, 강박표상obsessional presentation(닥쳐드는 생각, 공상, 꿈)이 화제가 되었을 때 그녀가 얼굴을 찌푸려가며 허둥댔던 것은 적절히 언어화할 수 없는 정신병 증상의 핵심이 그 언저리에 잠재하고 있다는 것을 보여주었다. 그녀는 자신의 상태에 대해 "연줄이 끊어졌다", "마치 엉터리 같은", "이상한 상태" 같은 말들을 늘어놓을 뿐이었다. 정상적인 심적 생활의 여러 체험과는 비교할 수 없었으며, 비교를 위해 강박관념의 설명을 들었을 때에도 그것과는 완전히 다르다고 주장했다.

그녀는 타자가 보여주는 반응과 행동양식에 모방을 강요당하는 것 같은 느낌을 품고 있었다. 상담 과정을 통해서, 그녀의 사고 촉박促迫은, 강박적으로 끊임없이 떠오르는 것뿐만 아니라, 자아의 자발성이 사로잡혀 있는 체험이라는 것이 명백해졌다. 그러한 모든 사실로부터, 이는 정신자동증과 초기 조현병의 자생적 사고에 해당하고, 자아장애의 초기단계라는, 후기 라캉 이론에 의거하자면 보로메우스 매듭이 풀려서 전 거울단계로 돌아가버린 상태에 있었다고 판단할 수 있다.

진단을 내려 본다면, 이는 다채로운 증상을 보이며 인격의 해체를 초래한, 즉 전 거울단계까지 완전히 퇴행해 버린 전형적인 조현병이 아니라 비교적 명확한 병의 감각을 지닌 보다 경증의 조현병인 셈이다. 사고장애와 작업 능력의 급격한 저하는 물론 일상생활을 뒷받침하는 기반이 되는 자명성으로부터 괴리된 것이 병의 형태를 지배하고 있다. 인생에서의 기초적인 관계를 모조리 잃어 버렸다는 생각에 완전히 빠져 있는 것이다. 그녀가 자신의 장애를 '결여缺如'라 표현한 것은 매우 시사적이다. 그녀는 이 결여의 본질을 말로 표현해 내려고 부단히 노력했다. 라캉이라면 여기서 보로메우스 매듭의 풀어짐에 의한 팔루스 기능의 결여라고 표현했을 것이다. 그녀가 인생에서 이성에 대한 관심을 전혀 품지 않았던 것 또한 팔루스 기능의 결여에 의해 설명된다.

블랑켄부르크는 안네와 친아버지의 관계 장애를 특징적인 것으로 주목하고 있지만, 이를 정신병의 원인으로 일반화하는 것은 거부했다. 라캉주의 정신분석의 입장에서 이번 사례를 생각했을 경우, 유소년기부터 부인이 아닌 다른 여성의 집에 틀어박혔다가 가끔씩 돌아왔을 때 안네에게 폭력을 행사했던 아버지는 그녀에게 있어 상징적인 아버지의 역할을 수행하지 않은 것이나 다름없었다. 물론 그것 자체가 병인病因은 아니지만 정신병을 이해하는 데 있어 가장 중요한 요인으로 생각할 수 있다. 그러나 아버지에 관한 문제는 여기서 멈추지 않는다. 라캉주의 정신분석가가 어쩌면 가장 주목하는 것이 있다면 그것은 그녀의 아버지의 조부가 폭음으로 요절했다는 사실이다. 말하자면 여기에서 조이스의 가계와 마찬가지로 아버지의 결여의 계보를 읽어낼 수 있는 것이다. 이는 안네에게 팔루스가 기능하지 않고 이성에의 관심을 품을 수 없게 되면서 현실감을 상실하는 데까지 이르렀음을 이해하는 데 있어 중요한 포인트가 된다.

환자는 전前-술어적vorprädikativ인 명징성과 안도감, 현실감과 같은 팔루스의 기능을 완전히 되찾을 수는 없다 하더라도 생톰의 기능—끊임없이 생각해야만 하는, 그리고 질문하지 않으면 안 되는 증상, 내성성의 심화—으로 대신할 수 있다고 생각하고 있었다. 이는 강박관념과는 다르다. 안네의 경우, 강박신경증 환자가 가까이하려 하지 않는 바로 그것, 즉 일상생활에서 자명성의 기능을 정지시키는 근원적인 공허, 팔루스 기능의 결여와의 직접적인 대결을 볼 수 있다.

제3막 해결편:

DATE

1976.02 -

UNE PSYCHOSE LACANIENNE

제2막에서는 제라르의 사례에 대한 라캉적 해석을 이해하는 데 있어 필수적인 이론을 설명하였다. 그 중에서도 중요한 것은 1970년대에 제창된 후기 라캉의 이론인 넷째 단락의 보로메우스 이론과 다섯째 단락의 내용으로, 이는 제라르와 조이스의 사례로 대표되는 경증 정신병—라캉적 정신병—, 즉 내성형 정신병에 대한 이해를 도울 수 있을 것이다. 요약하자면 이들 타입의 정신병에서는 닥쳐드는 광기에 대해 의식적, 능동적으로 생톰을 형성함으로써 광기에 대항할 수 있는 여지를 남겨둔다는 점이다.

이에 대해 둘째와 셋째 단락에서 해설한 전기 라캉의 이론은 슈레버 사례로 대표되는 고전적인 중증 정신병—프로이트적 정신병—, 즉 비내성형 정신병의 이해에 대한 것인데, 여기에는 병적 체험에 대해 의식적으로 대항할 수 있는 여지를 남겨두지 않는다.(자기치유의 시도로서 망상을 형성할 수 있으나, 그 메커니즘은 어디까지나 자율적, 무의식적으로 생톰의 그것과는 다르다.)

그렇다면 라캉은 제라르와의 대화에서 무엇을 생톰으로 확인하고, 이를 어떻게 치료에 응용했는가. 이 책의 클라이맥스가 막을 올린다.

1 제라르의 사례―라캉적 정신병(내성형 정신병)

가정환경의 경우. 어머니는 극히 불안감이 강하고 말이 없으며, 공감 능력이 떨어지고, 또한 주위의 영향을 받기 쉬운 타입이다. 아버지는 단신으로 부임하여 계속 집에 없었기 때문에, 제라르가 정신병적인 어머니와의 이자 관계로부터 해방되어 언어와 사회성, 팔루스 기능을 전수받을 기회가 배제되어 있었다.

15세부터 그의 피해망상은 다른 사람이 확인할 수 있을 만큼 심해졌다. 반면 이때부터 자신의 외모에 대한 집착이 점점 강해져서 어머니의 파운데이션으로 화장을 하게 되는데, 여기에서 그리스 신화 이래로 죽음의 심연을 인류에게 보여준 나르시시즘의 병리, 즉 배타적 이자 관계로 인한 모친과의 동일화라는 테마를 읽을 수 있다.

같은 시기에 시험에 집중할 수 없게 되었고, 그때까지만 해도 이해할 수 있었던 일차방정식을 이해할 수 없게 되는 등, 사고장애의 징후를 인지하게 된다.

17세에 경험한 실연을 계기로 우울한 상태가 된다. 그가 마음에 품었던 여성은, 말하자면 그에게 있어 이상적이고 나르시시즘적인 거울상으로서 지성과 미모를 아낌없이 발산하고 있었다. 이 '발산發散'이라는 표현에서 제라르의 자아의 경계가 점점 애매하게 되는 사태, 즉 거울단계 이전으로의 퇴행이 일어나고 있다는 것을 알 수 있다. 당시 그의 머릿속에서 떠나지 않던 생각—"어느 순간에 신체는 정신으로 회귀하고, 정신은 신체에 머무는 것인가? 나는 세포로 구성되어 있는데, 어떻게 해서 생물학적인 사태가 정신적인 사태로 이행하는가? 뇌신경의 상호작용, 호르몬의 발달, 자율신경의 발달로부터 어떻게 해야 사고가 형성되는 것인가? 생물학에 의하면 뇌파가 존재하기 때문에, 결국 사고와 지성은 외부를 향해 방출되는 일종의 전파 같은 것이다"—에서, 정신과 신체의 이행, 그리고 불명료한 경계라는 것이 우선 테마로 다루어지고 있는데, 여기에서도 본인의 자아의 경계가 선명하지 않다는 특징을 읽어낼 수 있으며, 사고와 지성이 외부로 방출되는 전파와 같은 것이라는 표현으로부터 자아 확산의 징후를 읽어낼 수 있다.

또한, 신체, 세포, 생물학적인 사태, 뇌세포의 상호작용, 호르몬의 발달, 자율신경의 발달, 뇌파 등의 자신의 신체와 관련된 단어의 나열은 정신병의 발병기에 보이는 요소적 현상으로서 신체의 위화감을 반영하고 있는 것이다.

18세 즈음부터 "나는 니체와 아르토의 환생이다"라는 과대망상이 출현. 한편, 자신의 성기에 뿌리 깊은 콤플렉스가 있어 그것이 쪼그라들어 결국에는 여성이 될 것 같다고 느끼며 화장도 매일 하게 되었고, 슈레버 사례에서 보았던 것과 같이 팔루스 기능이 배제된 결과로서의 여성화가 본격적으로 진행되어 갔다.

19세 무렵 실연당한 첫사랑과 같은 타입의 여성 환자에 대해 더욱 나르시시즘적인 연애망상을 품게 되었고 순수한 사랑을 느끼게 된다.

24세부터 자아기능 장애와 자생적 사고, 환청, 자신의 생각이 타인에게 들리는 등 전 거울단계로의 퇴행이 본격적으로 진행된다. 자생적 사고와 환청에는 새롭게 언어를 만드는 요소가 이미 포함되어 있지만, 조이스와 같이 제라르는 시를 쓰는 것을 통해, 또는 안네 라우와 같이 반성적인 사고를 함으로써 정신병 증상에 수반되는 고통을 의식적으로 극복하려고 하였다.

2 라캉적 기법

라캉의 진찰에서 중요한 점은 먼저 환자의 자아의 확산과 붕괴, 즉 보로메우스 매듭의 풀림을 언어적 개입에 의해 방지하려고 했다는 점이다.

장면 1

G·L 저는 말을 한다는 것la parole은 외부로 지성l'intelligence을 방출하는 것과 같다는 생각에 이르게 되었습니다.

L 지성과 말. 그러나 지성이란 건 말을 한다는 것 그 자체입니다.

G·L 저는 지성이란 것이 외계로 파장을 방출하는 것과 같다고 생각했습니다…… 따라서 당신이 지성이란 단지 말하는 것이라고 하시는 데에 찬성할 수 없습니다.

해설 1

제라르의 자아가 누수되는 것, 즉 자아의 붕괴라는 증상을 반영하는 "외부로 지성을 방출하는 것"이라는 말에, "지성이란 것은 말을 한다는 것 그 자체이다"라는 라캉 자신의 이론을 대치시켜서 환자의 자아장애가 진행되는 것을 막으려 하고 있다.

장면 2

G·L 푸른 새들은 나를 죽이려 한다.

L 새들이 나를 죽이려 한다……

G·L '푸른 새들이'입니다. 그것들이 저를 궁지에 몰아넣어서 죽이려 합니다.

L 누가 푸른 새지요? 그 사람이 여기에 있습니까?

G·L 푸른 새입니다.

L 푸른 새라는 건 뭐지요?

G·L 먼저 그건 말라르메 시의 시상image poétique과 관련되어 있습니다. 푸른, 그 다음으로는 푸른 새, 하늘, 광대하고 끝없는 푸름, 푸른 새, 푸른 무한……

L 계속하십시오.

G·L 그것은 무한한 자유infinie liberté를 나타내고 있습니다.

L 네? 뭐라고요? 무한하다? 푸른 새를 무한한 자유로 번역해 봅시다. 무한한 자유가 당신을 죽이고 싶어 한다는 것입니까? 무한한 자유가 당신을 죽이려고 하는지 아닌지 음미할 필요가 있습니다. 계속해 봅시다.

G·L 나는 경계가 없는 세계에 있다. 경계가 없는……

L 그렇지만 당신이 경계가 없는 세계에 있는 것인지, 고립된 영역에 있는 것인지 확실히 해 둬야 합니다. 왜냐하면 영역이라는 말은 거꾸로 경계라는 개념을 의미하고 있기 때문입니다.

(중략)

G·L 당신에게 방금 말한, '푸른 새가 나를 죽이려 한다'는 것은 제가 있는 경계가 없는 세계를 함의하고 있습니

다. 이야기를 아까로 되돌리자면, 저는 고립된 영역에 있으면서 경계가 없는 상태로 존재하고 있습니다. 혼란스러운 것은 알겠지만, 저는 정말로 피곤합니다.

L 이미 지적했지만, 닫힌 영역은 경계가 없다고 하는 것과 양립하지 않습니다. 따라서 당신은 고립된 영역이라는 식으로 구별하고 있는 겁니다.

G·L 네, 그러나 그 고립된 영역에서 저는 경계가 없는 상태로 존재하고 있는 겁니다. 고립된 영역에서 저에게는 경계가 없지만 현실에서는 구별되어 있는 겁니다. 신체만으로도 구별할 수 있기 때문이지요.

L 좋습니다. 분명히 (당신에게 있어서는) 말 그대로입니다. 실제로는 고립된 영역에는 경계가 존재하지만요.

G·L 명백한 현실에서는 고립된 영역이 구별되어 있지만, 그렇다고 해도 그 영역의 한가운데에서 경계가 없는 상태로 존재한다고 해도 모순되지 않습니다. 당신은 기하학 용어를 사용하면서 생각하고 있지만요.

L 말씀대로 저는 기하학 용어를 사용하면서 생각하고 있습니다. 그건 옳은 일이지요. 반면 당신은 기하학 용어를 사용하여 생각하지는 않군요. 어찌 되었든 경계가 없는 상태에 있다는 것이 불안하지 않습니까? 아닌가요?

G·L 네. 불안합니다. 그러나 저는 꿈과 같은 세계나 형태에 머물러 있을 수는 없었습니다.

해설 2

"푸른 새들은 나를 죽이려고 한다"라는 자생적 사고의 주어에 대해 라캉이 제라르에게 자유연상을 시킨 결과, "무한한 자유가 나를 죽이려 한다", 즉 전 거울단계로 퇴행한 자아가 붕괴하는 사태가 암시적으로 시사되고, 제라르의 "경계가 없는 세계에 있다"라는 말이 이어진다.

이에 대해 라캉은 제라르의 시 짓기와 상상세계 등의 "꿈과 같은 세계와 형태"=고립된 영역이 그의 자아와 신체상의 붕괴를 막는 생톰으로서 역할을 수행하고 있다고 판단하고, 그에 대해 고립된 영역과 경계가 없는 세계＝전 거울단계를 구별하도록 하였다. 하지만 제라르는 이미 양자를 구별하는 것이 곤란한 정도까지 병이 진행되고 있음을 알 수 있다. 즉, 생톰의 기능만으로는 보수해낼 수 없는 단계까지 정신병이 진행된 것이다.

장면 3

G·L 텔레파시는 생각을 전파합니다.

L 그렇다면 누구에게 전해지는 겁니까? 누구에게? 예를 들면?

G·L 저는 누구에게도 전혀 메시지를 보내지 않습니다. 제 머리 속에서 일어나고 있는 것이 텔레파시를 수신하는 사람에게 들린다는 겁니다. 저는 정말로 그것이……

L 예를 들자면, 저는 그것을 수신하고 있습니까?

G·L 모르겠습니다, 모르겠어요, 왜냐하면……

L 저는 그다지 우수한 청취자가 아닙니다. 그래서 당신

의 그 시스템 속에서 막다른 곳에 이르렀음이 분명하군요.

해설 3

텔레파시가 타인에게 들린다는 말에서 알 수 있는 제라르의 자아장애 증상(자아의 확산)에 대해, 라캉은 "나는 우수한 청취자가 아니다"라고 말함으로써 더욱 증상이 악화되는 것에 대한 방파제의 역할을 하려고 한다.

라캉의 진찰에서 볼 수 있는 두 번째의 특징은, 제라르의 생톰에 해당하는 사태를 명확하게 함으로써 그것이 자아붕괴를 막고 풀려버린 보로메우스 매듭의 보수에 도움이 된다는 것을 인식시키도록 노력한다는 점이다.

장면 4

G·L 일상생활에서 제가 사용하는 극히 단순한 말이 있고, 한편으로 상상력의 영향을 받은 말이 있는데 그에 따라 저는 현실을, 제 주위의 사람들을 분리합니다. 그것이야말로 가장 중요한 점입니다. 저의 상상력은 다른 세계를 하나 더 창조했고, 그 세계는 이른바 현실세계와 같은 만큼의 의미를 가지지만 서로 완전히 분리되어 있

습니다. 그 두 개의 세계는 완전히 분리되어 있습니다. 다른 한편으로 들이닥치는 말은, 가끔씩 타인에게 공격적으로 반응하는 식으로 멋대로 떠오르지만 상상세계와 소위 현실세계의 가교가 되고 있습니다.

L 물론일 테죠. 그러나 결국 당신이, 요컨대 완전히 그것들(두 개의 세계)을 구별하고 있다는 사실은 바뀌지 않아요.

G·L 맞아요. 저는 완전히 구별하고 있습니다. 그러나 말은, 상상력의 흐름은, 제가 말하는 것과 지적으로 또는 정신적으로 같은 질서로 되어 있지 않습니다. 그것은, 꿈, 일종의 백일몽rêve éveillé, 영원의 꿈rêve permanent.

해설 4

현실세계와 완전히 구별되는 상상세계를 제라르가 창조하고 있다는 점을 의식시키려 하고 있다. 후자가 그에게 생톰으로 기능할 수 있다는 구조를 라캉은 염두에 두고 있다.

장면 5

G·L 말해진 모든 것에는 법과 같은 효력이 있고, 또 그 것들은 의미를 가집니다. 그러나 언뜻 봤을 때, 그것들 은 순수하게 합리적인 의미를 가지고 있는 것 같진 않습니다.

L 어디에서 당신은 그런 어구를 알게 된 겁니까? 말해 진 모든 것은 의미를 가진다Tout mot a un signifiant는 어 구 말입니다.

G·L 그것은 개인적인 성찰입니다.

L 그렇군요.

해설 5

마음대로 떠오르는 자생적 사고가 아니라, 환자 자신이 능동적으로 창조한 문장 속에 말해진 것이 '의미'를 가 진다는 어구가 포함된 점에 라캉은 주목하였다. 자생적 사고는 타자에게 의미가 통하지 않는 공유 불가능한 것이지만, 환자 자신이 의도적으로 행한 내성적 사고는 타자에게 의미를 가진다는, 즉 사회와 다시 접점을 가질 계기가 될 수 있다는 점을 인식시키려 하고 있다.

장면 6

G·L 꿈, 상상력에 의해 구축된 세계, 거기에 저 자신의 중심이 있지만, 그것은 현실세계와 전혀 관계가 없습니다. 왜냐하면, 저의 상상적인 세계에서, (밀어닥치는) 목소리에 대응해서 제가 만들어 낸 세계에서 저는 중심을 차지하고 있기 때문입니다. 저에게는 일종의 소극장을 만들어내는 경향이 있는데, 거기에서 저는 일종의 연출가, 창조주이면서 동시에 연출가이지만, 한편으로 현실의 세계에서 저는 그냥 임무를 수행하는 것일 뿐……

L 그래요, 그렇다면 당신은 geai rare(희귀한 어치)가 아니라, 가령……

G·L geai rare(희귀한 어치)는 상상세계 속에 있는 것입니다. Gérard L은 일반적으로 현실이라 불리는 세계에서의 이름임에 반해, 상상세계에서 저는 Geai Rare(희귀한

어치) Luc as입니다. as(아스; 1, 제1인자)라는 저의 이름, 그것은 근본이며 체계적이고, 효력을 가진 것입니다. 일종의…… 그런 as를 바탕으로 저는 제가 쓴 시 가운데 한 작품에서 그렇게 표현했습니다.

L 당신의 시 속에서?

해설 6

현실세계의 Gérard 라는 이름에 대해, 그가 창조한 상상세계에서 환자는 Geai Rare(희귀한 어치)라는 것을 재확인시킴으로써 환자에게 현실세계와 상상세계의 구별을 확연하게 하여 생톰으로서 후자를 기능하게 하려는 라캉의 의도를 읽을 수 있다.

장면 7

G·L 저는 고립된 영역에서 고독의 한복판에 있었습니다. 그런 표현이 존재했는지 아닌지는 모르겠습니다. 저는 아주 어렸을 때부터 그런 표현을 알고 있었습니다. 노발리스가 그 같은 표현을 썼을 겁니다.

L 실로 정확한 표현이군요.

G·L 저는 고독의 한복판에서, 일종의 신, 고립된 영역
에서 일종의 창조주 같은 존재입니다. 왜냐하면 그 세계
는 닫혀 있어서 일상의 현실과 타협할 수 없습니다……

해설 7

여기에서도 라캉은 "고립된 영역에서 고독의 한복판"이
라는 사태가 자아의 붕괴로부터 제라르를 지켜주는 생
톰으로서 기능할 수 있음을 고려하고 있다. 고독을 부정
적인 것으로 다루어서 환자를 무리하게 인간사회 속으
로 던져 넣으려는 야만적인 발상과는 관계가 없다.

장면 8

G·L 어머니에게는 정서적인 교류라는 것이 아예 존재
하지 않았습니다. 그녀는 불안감이 강하고, 감염이 쉽
게 되었는데…… 그렇지만 바이러스가 아니라…… 환경
의 영향을 쉽게 받는다는 의미인데, 늘 그런 정신상태였
습니다. 이렇게 어머니는 이상할 정도로 쉽게 불안감을

느꼈기 때문에 아버지가 집에 돌아왔을 때는 부부싸움이 끊이지 않았고, 극히 긴장되고 불안에 찬 분위기였는데 저는 그런 어머니가 키웠습니다. 저 자신도 침투현상 phénomène d'osmose에 의해 영향을 받아서 불안감이 한 층 강해진 것 같습니다.

L 침투현상이라고 했는데, 그 침투osmose라는 건 어떠한 의미를 가지고 있습니까? 그러한 것도, 당신이 정교하게 구별할 수 있기 때문입니다. 현실과······

G·L ······공상을?

L 맞아요. 그겁니다. 무엇과 무엇이 서로 침투하는 겁니까?

G·L 무엇과 무엇이 서로 침투하느냐고요? 저는 우선, 현실이라고 불리는 것을 의식합니다······ 거기에는 심리적 긴장, 현실의 그러나 육체적 레벨의, 즉 신체 단계의 불안이 생기는데 곧 정신의 단계에도 침투해 갑니다······

해설 8

제라르는 그의 모친과 마찬가지로 환경의 영향을 받기 쉬운 유형—자아기능이 불안정한—이지만, 그러한 상태를 환자 자신이 침투현상이라는 말로 집어내고 있다. 이 장면에서 라캉은 제라르가 현실과 공상을 구별할 수 있음을 그에게 재확인시키려 하고 있는데, 여기에는 근본적으로 공상을 통해 환자의 자아의 붕괴, 즉 침투현상이 진행되는 것을 저지시킬 수 있다는 라캉의 생각이 전제되어 있다.

장면 9

G·L 생물학에 의하면 뇌파가 존재하기 때문에, 사고와 지성이 방출되는, 외부를 향해 방출되는 일종의 전파 같은 것이라고 생각하게 되었습니다. 그 전파가 어떻게 해서 외부로 방출되는지는 잘 모르겠지만, 언어는…… 그건 제가 시인poète이라는 사실과 관련이 있는데, 왜냐하면……

L 당신은 틀림없이 시인입니다. 그래요.

해설 9

라캉이 제라르를 시인이라고 한 것은 그가 고립된 영역, 즉 상상세계에서 정신병적 체험과 자아붕괴에 대항하기 위해 시를 짓는 행위를 전면적으로 지지함을 의미한다.

장면 10

L 사태는 두 가지로, 먼저 첫 번째는 이런 식으로 떠오르는 목소리가 있어서 당신의 머리를 침식……

G·L 네, 그렇습니다.

L 그렇군요.

G·L 저의 머리를 점거하고 자생하지만, 거기에 저 자신의 생각은 포함되지 않습니다.

L 좋아요. 다음으로는 거기에서 반성하고, 덧붙여야 하는 것을 덧붙이고, 자각하면서 그렇게 하고 있는 제2의 인격이 있군요. 여기까지 괜찮습니까?

G·L 네.

해설 10

시 짓기와 상상세계의 구조만이 아니라, 자생적 사고에 대항하는 의식적인 내성적 사고도 자아붕괴에 대항할 수 있다는 라캉의 생각이 이 장면에 반영되어 있다.

장면 11

L 고립된 경계의 이미지로서는⋯⋯

G·L 꿈, 제가 지적으로 낳은 비非상상적인 것에 대해서 말입니까?

L 아니오, 그렇지만 끝까지 가 봅시다.

G·L 너무 어렵군요. 왜냐하면⋯⋯

L 무엇을 낳는 겁니까? 왜냐하면 낳는다는 말은 당신에게 있어 어떤 의미를 가지고 있기 때문입니다..

G·L 저에게서 나온 순간부터 그것은 창조물입니다, 대략 그렇다는 겁니다. 혼동하지 마세요. 고립된 영역과 경계가 없는 세계에 대해서 말하는 것은 제 안에서는 모순되지 않습니다, 당신에게 어떻게 설명하면 좋을까요? 저는 고립된 영역에 있습니다. 왜냐하면 저는 현실과 단절되어 있기 때문입니다. 따라서 저는 고립된 영역을 말하는 겁니다. 하지만 그렇다고 해도, 경계가 없는 상상 속의 세계에 있지 않다는 것은 아닙니다. 정말로 저 자신은 경계를 가지고 있지 않기 때문에, 크든 작든 무너뜨려서 경계가 없는 세계에 사는 경향이 있습니다. 만일 당신의 침입을 막으려는 경계가 존재하지 않는다고 한다면, 당신은 대립하는 상대가 될 수 없고 대립 자체가 없어지고 맙니다.

L 당신은 방금 이런저런 물건, 테이블, 의자 등을 열거해 가면서 현실세계를 언급했습니다. 자, 그러니까 당신은 다른 사람들과 마찬가지로 현실세계를 이해하고 있는 듯하고, 또한 상식적인 수준에서 그것을 파악하고 있는 것 같아요. 여기서부터 이야기를 시작합시다. 당신은 그것과는 별개의 세계를 낳는 것인가요? 낳는다는 말은……

G·L 저는 제가 쓴 시를 통해서, 저의 시적인 말을 통해서 세계를 낳습니다.

해설 11

제라르는 별 생각 없이 사용했겠지만, 라캉은 생톰의 본질을 멋지게 표현하는 '낳는다'는 표현을 결코 놓치지 않았고, 재빨리 그것을 키워드로 삼아 질문함으로써 환자와의 대화를 계속해 나간다.

끝으로

분석주체(환자)가 분석 도중에 무의식적으로 반복하는 말에 주목함으로써 병리구조와 문제의 윤곽이 선명하게 드러나는 것이 라캉주의 정신분석 실천의 요점이다.

cerner

page 41 : "저를 잘 모르겠(me cerner)습니다."

서두 부분에서 이미 그의 자아 붕괴, 보로메우스 매듭

198

의 풀림이라는 병리구조를 읽어낼 수 있다. 자신을 안다고 번역한 부분에 해당하는 프랑스어 me cerner에서, cerner는 윤곽을 확실히 하다, 범위를 정하다, 라는 의미의 동사이며, me는 je(나)의 목적격이므로 직역하면 "나 자신의 범위, 윤곽을 정할 수가 없다"가 된다. 제라르 자신이 정신병에 의해 자아붕괴를 일으키고 있는 사태가 이 표현에서 이미 집약되어 있다는 것을 알 수 있다. 같은 예는, page 43의 제라르의 대사 "문제를, 멋대로 떠오르는 것을 명확하게(cerner) 할 수가 없어요"에서도 보인다.

compenser

page 45 : "저에게는 보상하려는 경향이 있습니다. (중략) 저는 밀어닥치는 목소리에 대응해서 보상하는(compenser) 경향이 있습니다."

récupérer / récupération

page 45 : "저에게는 밀어닥치는 말을 보수(récupérer)하려고 하는 경향이 있는 겁니다. (중략) 무의식 속에서 보수하려는 것에 대해 이야기를 계속할게요."

page 47 : "그리고 그때그때 저는 이러한 공격성을 보수해서……"

제라르는 보상, 보수라는 단어를 반복해서 언급한다. 라캉은 여기에서 보로메우스 매듭의 풀림을 '보수', '보상'하는 생톰이라는 개념을 착상했을지도 모른다. 이는, 라캉이 같은 반 학생들에게 심한 폭행을 당해도 다음날에는 심리적, 신체적 고통이 "과일 껍질이 벗겨지는 것"과 같이 벗겨져 떨어졌다는 조이스가 사용한 은유에 주목하여, 신체 이미지와 신체 감각에 관계되는 상상계의 고리가 '쑥' 떨어져 보로메우스 매듭이 풀린다는 패러다임을 창조하는 계기 중 하나가 되었다는 것과 일맥상통한다.

créer

page 42 : "저는 창조하기(créer) 위해 분해한 것입니다."

page 50 : "제 상상력은 다른 세계를 하나 더 창조했고 (crée)"

page 52 : "목소리에 대응해서 제가 만들어 낸(me crée)

세계에서 저는 중심을 차지하고 있기 때문입니다. 저에게는 일종의 소극장을 만들어내는(créer) 경향이 있는데,"

page 88 : "제가 지적으로 낳은(crée) 비非상상적인 것에 대해서 말입니까? (중략) 저는 제가 쓴 시를 통해서, 저의 시적인 말을 통해서 세계를 낳습니다(créer)."

créer(창조하다, 낳다)라는 말은 환자 자신이 정신병적 체험에 대항하기 위해 의식적이고 능동적으로 '낳는' 생톰의 개념과 합치한다.

se masturber

page 53 : "마치 그것은 자위행위 그 자체로, (중략) 저는 자위행위(se masturbe)라고까지 말해 버렸지만……"
자기애적 요소는 생톰의 중요한 한 축이다. 소설을 쓴다는 행위가 조이스의 생톰이라는 점은 이미 제3막 넷째 단락에서 다루었던 대로이지만, 라캉은 그 중에서도 최후의 작품 『피네간의 경야』의 집필이 생톰의 개념과 가장 유사하다고 해석하고 있다. 독자의 눈을 멋지게 무시하고 쓴 『피네간의 경야』의 창작이야말로 자기애적 행위라 불릴 만하다. 낳다/자기애적이라는 생톰이 가진 요소는 다음 제4막의 보통정신병에서 그 중요성이 보다 명확하게 인식될 것이다.

제4막 현대의 라캉:

보통정신병과 자폐증, 현실감을 둘러싼 논의

DATE

1976.02 -

본서는 지금까지 생톰 개념을 주로 다룬 후기 라캉의 이론에 의거하여 경증 정신병, 즉 라캉적 정신병의 실제를 살펴보았다. 고전적인 중증 정신병인 프로이트적 정신병에 기초한 전기 라캉 이론은 후기 라캉 이론을 위한 이른바 조연이었다. 그러나 주연인 라캉적 정신병과 조연인 프로이트적 정신병에 공통되는 점이 있다면, 그것은 성별화의 혼란과 현실감의 상실이다.

제3막 클라이맥스까지의 여운은 그대로 남아, 라캉의 인생이 막을 내린 후 빛바래기는커녕 점점 더 현대적 의의를 가지고 우리에게 다가온다. 성별화의 혼란과 함께 이 책을 은밀하게 관통해 온 또 하나의 테마인 현실감의 상실을 언급하면서, 논의는 정신병과 자폐증의 경우로 나뉘어 전개되고, 본서는 종막終幕을 맞이한다.

1 보통정신병의 제창

라캉은 자신이 세운 École Freudienne de Paris를 1980년에 해산하는데, 1970년대에 자신을 이해하는 유일한 계승자라고 말한 자크-알랭 밀레Jaques-Alain Miller에 의해 라캉이 죽기 직전인 1981년에 École de la cause Freudienne(이하 ECF)가 설립되었다. 그 후 1970년대부터 대중화되기 시작한 사회구조는 영미권과 그들의 직접적인 영향 하에 있는 일본을 중심으로 글로벌 자본주의의 시대로 돌입하였으며, 정신의학도 이를 배경으로 그때까지의 양상과는 완전히 다른 모습으로 변하게 된다.

요컨대 DSM-Ⅲ의 개정에 따라 신경증 개념이 폐기되었으며, 향정신성 약품의 개발이 뇌과학과 인지행동요법과 연계되었고, 역학疫學연구를 중심으로 눈부신 발전을 이루었다. 프랑스에는 원래 정신의학의 확고한 전통이 있기 때문에 글로벌 자본주의의 영향에 완전히 농락당하지는 않았다. 그러나, 그렇다 하더라도 사회구조의 대중화와 향정신성 약품의 보급을 배경으로 정신질환 전체의 경증화가 현저히 나타나게 되었고, ECF 내에서도 1980년대 후반부터 신경증과 정신병의 경계에 대한 논의가 본격화되었으며, 약 10년의 시간에 걸쳐 1998년에 보통정신병이라는 이름을 붙이자는 안이 제출되었다.(이 10년간 ECF 내에서는 프로이트의 늑대 인간 사례를 중심으로 다루었고, 그 진단을 둘러싸고 정신병인가 신경증인가로 논의가 둘로 나뉘었으나 보통정신병이라는 견해로 결론이 지어졌다.)

다만 이 명칭은 질환 개념이 아니라, 보로메우스 매듭의 풀림을 보수하는 생톰이 형성되어 있는 케이스에 대해서 사용된다. 따라서 보통정신병에 병명을 붙여본다면, 예컨대 크레치머Ernst Kretschmer의 민감관계망상敏感關係妄想과 텔렌바흐Hubertus Tellenbach의 멜랑콜리melancholy 등이 비교적 타당하다. 증후학적으로 보자면 보통정신병은 1970년대에 라캉이 다루었던 사례보다도 신경증과의 구별이 더욱 어려워진다. 신경증이라고 진단하고 정신분석 치료를 행하였지만, 수년이 경과해서 처음으로 망상의 존재와 신체감각의 결여가 밝혀져서 정신병이라고 판명되는 사례도 희귀하지 않다.

1970년대에 라캉이 다룬 사례는 경증 정신병이라 하더라도 조이스와 제라르, 안네 라우처럼 명확히 그것이라고 판명할 수 있는 사례를 보이거나, 반反사회적 언동이 현저하여 형무소 수감과 퇴소를 반복하는 사례(일본의 경우 인격장애로 분류될 가능성이 있다. 라캉주의에서는 오늘날에 이르기까지 인격장애라는 카테고리가 존재하지 않는다)가 중심이었다. 이에 비해 보통정신병에서는 정신병 증세가 확실하지 않은 경우가 많으며, 타자에 대한 과도한 동조, 동일화, 현실감의 상실, 체감이상, 이성관계의 결여, 약물의존에서 전형적인 사례를 볼 수 있는 사회적 이탈행위가 주된 증상이다. 여기에 밀레 자신의 해설을 인용해본다.

보통정신병이라고 할 때, 그것은 무엇을 근거로 하고 있는가? (중략) (그를 위해서는) 사소한 모든 징후를 찾아내야만 한다. 그것은 비상한 진중함이 요구되는 임상적 실천이며 때때로 매우 성가신 문제가 나타난다. 어찌 되었든 그것은 정도에 따르는 문제이지만, 우리들은 결국 "삶의 실감이라는, 주체에게 있어 가장 본질적인 부분에서 생겨난 부조화"라고 라캉이 말한 것으로 돌아갈 것이다. (중략) 정신과 의사는 삶의 실감이라는 용어가 의미하는 것을 공감각共感覺, 주체의 보편감각, 세계 내 존재 등을 끌어냄에 따라 대략적으로나마 제시하려고 해왔다.[1]

요컨대 보통정신병을 특징짓는 것은 삶의 실감과 현실감, 신체감각의 상실이다. 이들 증상에 반영되는 주체 구

1 Jacques-Alain Miller et al., 「Retour sur la psychose ordinaire」, 『Quatro(Recue de psychanalyse publiee a Bruxelles)』 № 94-95, pp. 44-45, Ecole de la Cause Freudienne, Paris, 2009.

성상의 부조화와 보로메우스 매듭의 풀림은 각자가 의식적으로 만들어 내는, 말하자면 자기애적인 생톰에 의해 보수될 수 있다. 예를 들면 신체감각의 결여에 대해 타투를 하거나 피어싱을 함으로써 본인 나름대로 신체감각을 되찾고 있는 케이스가 많이 보이는데, 이 경우는 타투와 피어싱이 생톰으로서 기능하고 있는 것이다. 그 외에도 인터넷 세계로의 몰입, 발표할 생각이 없는 소설을 창작하거나 곡을 만드는 데에 몰두하는 등, 생톰의 예는 실로 다양하다. 어쨌든 보통정신병 환자는 생톰이 파라노이아와 조현병으로 진행되어 가는 것을 멈추고, 같은 증상과 문제를 안고 있는 사람들이 만들어낸 공동체(경우에 따라서는 사회)와의 접점을 가져올 수 있는 것이다. 여기서 다시 밀레의 문장을 인용한다.('아버지의 이름'이라는 부분은 '생톰'이라고 치환하는 편이 타당하다.)

보통정신병에서는 직업을 잃는 것이 정신병 발병의 방아쇠가 되는 경우가 종종 있다. 왜냐하면 그에게 있어 일이란 것은 단순한 일과 생활을 위한 수단 이상의 것이기 때문이다. 일자리를 얻는 것은 그들에게 있어 '아버지의 이름'의 기능을 획득하는 것과 동일하다. 오늘날에는 이름 붙여지는 것, 어떤 임무에 배치되는 것, 임명되는 것이 '아버지의 이름'의 기능을 수행할 수 있다고 라캉은 말했다. 오늘날의 '아버지의 이름'의 기능이란 사회적 지위에 가까운 것이다. 조직과 행정, 클럽의 일원이 되는 것이 보통정신병의 세계에서 유일한 행동원리라는 것은 실제로 확인될 수 있다. 예컨대 일자리를 갖는 것이란 오늘날 매우 '상징계'적인 가치를 가진다. (중략) 보통정신병이라 판단하기 위해서는 더욱이 어떤 종류의 갭이 있어야 한다. 가장 본질적인 부조화, 그것은 신체의 풀어짐과 균열의 결과로서, 주체는 신체를 되찾아 자신의 신체를 확실히 조이기 위해 인위적인 사슬을 짜내야 한다. 기계적인 용어를 사용하자면, 신체를 잇기 위해서는 압박도구가 필요하다.

성가시게도, 그 모든 인위적인 방법이 최초에는 이상하게 보였지만 오늘날에는 흔한 것이 되었다. 피어싱을 해서 악세사리를 끼우는 것은 오늘날의 유행이고 타투를 하는 것도 마찬가지이다. 이와 같은 유행이 보통정신병에 의해 촉발되었다는 것은 분명하다. 타투를 함으로써 주체가 자신의 신체에 이어져 있다는 것을 이해할 수 있다면, 그것은 보통정신병의 판단기준이 된다.[2]

---

2 같은 책, p. 46.

2 자폐증에 대한 라캉주의의 시점

마지막으로 보통정신병과 관련하여, 자폐증에 대한 라캉주의의 해석을 소개한다. 지금까지의 정신병에 관한 논의를 요약하자면, 성장의 과정에서 일단은 거울단계를 정상적으로 통과한 것처럼 보이지만, 발병 이후는 전 거울단계로 퇴행시키려는 힘이 작동하고, 그에 대항하는 양태에 따라서 조현병, 파라노이아와 보통정신병으로, 또는 비내성형 정신병과 내성형 정신병으로 분류할 수 있었다.

이에 대해 자폐증에서는 발달과정의 거울단계에서 이미 특이한 점이 일어나는데, 즉 통상 생후 6개월부터 18개월 사이에 해당하는 거울단계가 늦어지거나, 그 시기가 지연되거나 하는 등의 사태를 상정할 수 있다.

통상적으로는 거울단계를 거치고 자아와 신체 이미지가 형성되어서 자타의 구별과 환경, 공간을 이해할 수 있게 되지만, 거울단계 레벨에서 지장이 발생하면 이들의 형성과 이해가 불충분해진다. 설립 당초부터 자크 알랭 밀레와 함께 ECF를 계속해서 이끌어 온 에릭 로랑Eric Laurent의 저서에서 그 설명을 구해 본다.

거울단계의 주요한 구조에서, 대문자 타자의 시선 아래 신체(이미지)는 유아에게 전해진다. (중략) 주체의 신체야 말로 다른 공간의 부분을 이어주는 역할을 수행한다. 만일 주체가 신체 이미지를 가지지 않았다고 한다면 다른 공간 이미지는 분리된 상태인 것이다. 이러한 공간 이미지의 분리는 매우 다양한 증상을 통해 볼 수 있다. (중략) 이들 사례는 어떻게 하여 공간 이미지가 각기 특이한 방법으로 구성되는가를 가르쳐 준다. 그러한 사례를 통해 주관적인 공간 이미지—시야에 들어오는 영역이나 그렇지 않은 영역을 포함하여 신체는 그들 두 개의 영역을 나누고 있는데—에서 토폴로지(topology;위상기하학)가 어느 정도로 고려되어야만 하는가 라는 것이 명확해진다. 어떻게 하여 자폐증의 주체가 이미지의 도움을 빌지 않고 시야 안과 밖의 영역이 하나가 된 공간 이미지를 구성할 수 있는가가 분명해 지는 것이다. (중략)

어린 자폐증 환자 갈란스, 부모는 그녀를 위해 탁월한 섬세함으로 책 한 권을 출판했는데, 이 사례는 그녀가 시야 밖의 영역을 어떻게 공간 이미지 속에 붙잡아낼 수 있었는지를 보여주고 있다. 그녀 부모의 친구 중 한 사람이 카메라를 선물해 주었을 때 그녀는 사람 등 뒤를 사진으로 담아냈다.

"목덜미, 머리카락, 옷깃이 그녀의 주의를 끌었다. 몇 번이고 사람의 등을 촬영했다. 그녀가 초대받은 구경거리는 늘 실내에서 벌어졌다. 얼마만큼의 콘서트, 인형극, 서커스에서 갈란스는 영상에 찍힌 등을 보았던 것일까? 정작 그녀가 처음으로 자기 자신의 등을 보았을 때에는, 그것이 자신의 등이라는 것을 이해하지 못하고 마치 미개척지와 조우한 것처럼 보였다. 많은 시간이 흐르고 나서 우리들은 그녀의 양팔을 등 뒤로 교차시킬 수 있었는데, 그래도 그녀는 그저 놀라기만 할 뿐이었고, 또 한 사람의 자신을 발견한 듯했다."

이 사례에서 자폐증 환자에게 있어 공간이란 토폴로지 없이는 접근할 수 없는 것이라는 점을 알 수 있다. 이러한 아이들은 공간의 연속성이라는 이미지가 처음부터 존재하는 것도 아니며, 즉각 주어지는 것이 아님을 알려준다. 평범하면서 어긋난 연속성이 아니라, 자폐증 환자는 토폴로지컬한 공간이 가지는 유연함을 이용하여, 일반적인 양적 공간과는 관계없는 하나의 공간 이미지를 구축하는 것이다.[3]

---

3   Eric Laurent, 『La bataille de l'autisme』 (Paris, Navarin / Le Champ freudien, 2012), pp. 81-83.

따라서 자폐증 환자는 신체 감각, 자신과 타인 또는 자신과 세계와의 구별, 공간 이미지의 부재로 특징지어진다. 이 특징을 잘 보여주는 같은 책 속의 두 가지 사례를 들어본다.

사례 1 : 지상 1만 미터 상공의 비행기가 시야에 들어온 순간 귀를 틀어막는 패닉panic이 일어나는 자폐증 소년. 물리적, 객관적으로는 그 경우 지상에서 관측되는 비행기의 소음은 무시할 수 있는 정도이지만, 이 아이의 경우는 신체의 안과 밖의 구별이 없는 토폴로지컬한 상태(클라인 병Klein bottle과 같은)이기 때문에 원래 외계의 시각정보에 지나지 않는 것이 직접 신체 내로 침투해 오는 것처럼 느껴져서 패닉 상태에 빠진다.

사례 2 : 치료자의 시선과 창문에 특별한 흥미를 보이는 자폐증 환자의 사례. 시선 속에는 신체의 내부가, 창문 밖에는 외계로 열린 세계가 있다는 의미인데, 이 양자에 동등하게 매혹된다는 것은 그것들이 환자에게 있어 같은 것이며, 또한 그에게는 신체의 안쪽과 바깥쪽 간에 구별이 없다는 것을 무의식적으로 보여준다.

이상의 구조에 비추어 볼 때, 자폐증 환자가 외계의 자극, 예를 들면 사람의 목소리에 대해 과잉반응하게 되고, 그로부터 그들이 독특한 언어활동을 영위한다는 것이 설명된다.

그(장-클로드 말발Jean-Claude Maleval)는 자폐증 환자는 대상으로서의 목소리에 견딜 수 없다는 특징을 부여했다. 이는 누군가 그들에게 말을 걸어오는 것도, 또는 그들이 누군가에게 말을 거는 것도 거절한다는 것에 따라 증명된다. 주이상스jouissance적인 것이 그들의 발화에서는 발견되지 않으며, 그러한 만큼 그들에게 있어 말을 한다는 행위는 침입하는 것이나 마찬가지이다. 말을 한다는 것은, 곧 머리(뇌)가 텅 비게 된다/비운다는 것이다. 따라서 말발은, 목소리와 언어의 괴리가 자폐증 환자의 근본에 있다고 결론을 내린다. 바로 여기에서 우리들은 언어의 사용은 장소의 존재, 주이상스가 한꺼번에 지워진 대문자 타자의 장소에 동의함으로써 성립된다는 점으로 되돌아온다. 결국 보장해 주는 것이 결여됨으로써 자폐증적 주체는 말의 수신자로서 받는 트라우마로부터 다시 일어설 수 없다. 그 주체는 발설된 목소리, 즉 외부성

을 체내화하는 것에 비상한 공포를 느낀다.[4]

말발이 말한 바와 같이 자폐증자의 근본에 목소리와 언어의 괴리가 있다고 한다면, 그들이 말하는 것은 실제로 어떻게 이루어지는 것일까?

(자폐증의) 주체는 언어를 완전히 융통성 없는 시스템으로 환원하여 해석하고 싶어 하는 경향이 있다. 그것은 마치 언어에 있어서 모든 것은 연역되어 생성되어야 하는 것으로서, (중략) 또 언어 그 자체가 촘스키Noam Chomsky의 몽상과 같은 것으로서 통용되어야만 하는 것과 같다.[5]

단적으로 말하자면, 자폐증 환자가 말하는 언어는 정동情動 및 주이상스와 분리되어 메타-언어meta-language와 같은 것으로 존재하고 있다는 말이 된다.

동일성의 견지라는 자폐증 환자에게서 나타나는 특이한 현상도 외계의 자극에 대한 과민성과 마찬가지로 신체감각의 결여에 의해 설명 가능하다. 외계의 변화가 안

---

4 같은 책, pp. 42-43.
5 같은 책, pp. 40.

쪽/바깥쪽의 구별이 없는 그들에게는 모두 침입하는 것이어서 견딜 수 없는 것이기 때문이다.

이와 같은 결과로,

자폐증 환자의 신체는 따라서 기관器官 없는 신체이다. 그들 기관에 의한 신체의 토막남은, 말하자면 껍데기에 틀어박히는 것과 바꿈으로써 극복할 수 있다. 그 주체는 신체를 타자에게 보내는 욕동欲動의 피스톤 운동 없이 자신을 즐긴다. 완전한 표면, 즉 껍데기를 뒤집어 쓴 신체는 구멍이란 구멍이 모두 막혀버려서 어떠한 충동의 피스톤 운동도 성립하지 않는다. (중략) 그렇다면, 자폐증 환자에 대한 정신분석은 어떻게 적용할 수 있을 것인가? 그것은 그 주체를 껍데기를 뒤집어 쓴 신체에 항시 틀어박혀 있는 상태로부터 해방하는 것과 관련되어 있다. (중략) 주체가 견딜 수 없는 위기를 거치지 않고 어떻게 해서 그곳에 도달하는가? 그를 위해서는 대상(오브제)에 의한 뒷받침이 일체의 유희의 레벨을 넘어서 자폐증 환자에게 달라붙기 위해 필요하다. (대상 없이는 타자성은 발생하지 않는다.)[6]

6 같은 책, pp. 43-44.

"구멍이란 구멍이 모두 막혀", "껍데기를 뒤집어 쓴 신체에 항시 틀어박혀 있는 상태"는 자폐증 환자의 현실감의 상실에 대응하는데, 이는 정신병 환자의 팔루스 기능의 배제와 보로메우스 매듭의 풀림과는 완전히 다른 양상이다.

상기한 이유에 따라 자폐증 환자에게 애착 대상은 빼놓을 수 없다.

자폐증 환자가 어떤 대상과의 사이에 가지는 매우 특이한 관계는 자폐증에서 정신분석적 접근으로 이끄는 우리들의 주요한 지표 속에서도 특히 중요하다. 실제로 우리는 자폐증의 주체가 특화된, 보조적인, 특별히 성화性化된 대상과 다양한 방법으로 맺어지는 것을 확인할 수 있다. 주체의 신체는 신체 밖의 주이상스라고 하는 의미를 가지는 대상에 의해 항상 아물어진다. 몸을 딱 기대거나, 되는 대로 내버려두거나 하는 그러한 대상과의 관계를 확실히 맺게 하는 것이 중요하다. 공, 상자, 컵, 컴퓨터, 그들 대상이 필요불가결한 것이다. 그것은 주체로부터 분리될 수 없다. (중략)

자폐증 아이에게서 볼 수 있는 (통상과) 다른 구조에서, 우리는 그들이 필요하다면 생명과도 맞바꾸는, 그들의 신체 내 언어라고 할 수 있을 기관으로서 꺼내거나 집어 넣기도 하는 보조적인 기관의 기능을 알 수 있게 된다. 이러한 대상의 특징적인 예로, 구두와 장갑, 또는 앞치마와 의복처럼 우리들의 문명에서 신체를 덮는 것과 동일하게, 그것들(대상)은 이들 문명의 산물을 몸에 걸치면서도 신체감각을 갖지 못한 주체에게 신체와의 연결점을 만들고 필요에 따라 그것을 보호한다. (중략)

자폐증적인 주체에게 있어 이들 대상은 그들에게서 박탈된 피부 그 자체로, 이를테면 방호복인 셈이다. (중략) 자폐증적인 주체에게 있어서 이른바 피부의 박탈이라는, 지금은 분명해진 이 문제는 명쾌하긴 하지만 경우에 따라서는 성가신 경과를 가져올 수 있다. 그럼에도 일단 아이가 어떤 특별한 대상을 선택해 낸다면 상황이 일변하여 단숨에 (치료의) 전망이 좋아진다. 그러한 대상의 (다른 대상으로부터의) 분리와 선택의 순간이 되는 예로서 르포르Rosine Lefort가 『오르니카Ornicar』이라는 간행물에서 쓴 사례의 경과, 즉 늑대 소년의 사례에서 젖병의 선택과 그 후의 결과를 소개해 본다. 젖병이라는 신체 외의 대상이 주체의 신체 주위에 선을 그으면서 조금씩 그 윤곽을 형성시켜 나가는 것이다. 따라서 주체에 의해 선택된 그 대상은 처음에는 신체의 외부에 있었지만 후에

는 신체라는 프레임 속에 끌어넣어져서 포획된 것이다.[7]

신체의 감각을 보강하는, 말하자면 피부의 일부와 같이 기능하는 애착 대상물을 거쳐 처음으로 타자와 교류할 수 있게 되고, 치료의 경과와 함께 이 대상물이 사회적 요소를 점점 얽어나가 최종적으로는 환자 자신이 사회 속에서 주체로서 기능하기 시작한다. 그 좋은 예를 다시금 에릭 로랑의 저서로부터 소개함으로써 제4막은 막을 내린다.

사례 3 : 짧은 막대기bâton에 특별한 애착을 보이는 자폐아. 치료사들이 개입한 결과, 가까운 교회의 종에 달린 추(battant; bâton과는 음운적으로 유사하다) → 교회의 종소리 → 종이 치는 시간 → 종루의 시계침 → 숫자(1, 2, 3…… → 12시간 → 24시간 → 60분 / 시간 등)로 관심의 대상이 순차적으로 이동해서, 최종적으로는 산수를 공부할 수 있게 되었다.

사례 4 : 신체조직에 떠받쳐지는 태아를 흉내 내어 의자

---

7 같은 책, pp. 41-42.

위에 물을 잔뜩 넣은 그릇을 두 개 올려두는 자폐아. 그
릇이 떨어져서 물이 마루에 넘쳐흐를 때마다 아이는 패
닉을 일으켰고, 치료 담당자가 아이의 취약한 신체감각
을 보호하기 위해 안고서 울음을 그치길 기다리는 것이
일상이었다. 치료가 진행됨에 따라 물로 가득 찬 그릇은
붉은 컵으로 대체되었고, 최종적으로는 문자를 쓰게 됨
에 따라서 타자와의 커뮤니케이션이 가능하게 되는 만
년필로 애착의 대상이 이동했다. 치료 개시로부터 12년
째에는 치료사가 큰 목소리로 질책하는 것에 대해서도
패닉을 일으키지 않았다. 이렇게 필담筆談만이 아니라,
타자의 목소리를 받아들여 자신도 목소리를 내게 됨에
따라 대화를 하게 되었고, 퇴원하여 사회 속에서 자신이
있을 곳을 찾을 수 있게 되었다.

템플 그랜딘Temple Grandin의 사례 : 유소년기부터 자폐
증으로 진단받아 신경발작으로 괴로워하던 그녀는 자신
을 동물과 동일시하였고, 동물의 흥분된, 불안하고 초조
한 눈초리에 자신의 그것을 대입하는 경향이 있었다.

18세 때 그녀는 동물을 관찰하고 있었는데, 이때 소에
게 백신을 접종할 때 쓰는 압박기에 착상을 얻어 자신
의 신경발작을 억누르는 장치, 이른바 '압박 기계hug
machine'를 개발했다. 태어날 때부터 신체감각이 약했던

그녀는 이 장치를 통해 감각이 보강되었고 발작을 일으키는 빈도가 현저하게 낮아졌다. 그 후 이 장치는 그녀의 손을 떠나 아이들의 신경발작을 억누르는 기계로서 사회에 보급되었고, 그와 함께 그녀 자신도 사회 속에서 자신이 해야 할 몫을 찾아 대학에서 박사학위를 취득하고 콜로라도 대학에서 축산학을 가르치는 데까지 이르렀다.

에필로그
일본에서의 라캉주의 정신분석 실천의 가능성 — 증상의 시작에서

환자와 분석주체가 말하는 언어에 주목하여, 언어에 종속된 무의식과 증상을 다룸으로써 각자의 고유한 존재를 감지할 수 있게 하는 정신분석 실천. 프로이트로부터 시작되어 라캉에 이르러 세련되기까지에 이른 그것은 일본어를 쓰며 살고 있는 우리 일본인에게도 사용 가능한 것일까.

특히, 일본에서 이해될 것이라고는 기대하지 않습니다.[1]

라캉은 먼저, 언어 구조상의 이유로 인해 프랑스어와 영어를 필두로 하는 인도유럽어권 사람들과 비교해 일본인은 정신분

1　ジャツク・ラカン,「日本の読者によせて」,『エクリ 1』, 宮本忠雄 譯, 博文堂, 1972, p. 2.

석의 운용이라는 점에서 핸디캡을 가지고 있다고 생각했다. 구체적으로 그는 특히 일본어의 글자 표현에 있어서의 특이성, 다름 아닌 음독音読み과 훈독訓読み에 주목했다. 다른 언어와는 달리 외래어, 즉 중국어로부터 문자를 빌린 일본어에는 일종의 표의문자表意文字인 한자가 본래의 중국어 읽기 방식인 음독과 그 문자를 일본어로 번역한 것인 훈독으로 나뉘어 있다. 이 독특한 문자 사용의 결과, 일본인의 무의식과 사고에는 어떠한 특징이 나타나고 있는 것일까.

처음에 발화 위주입니다. 그러나 발화라는 것은 그렇게 길지 않은 기간에도 변화할 수 있는 것입니다. (중략) 발화는 점점 원래의 형태를 알 수 없게 되어버릴 만큼 변화합니다. 왜냐하면 발화는 그것(에크리튀르; 글쓰기)의 효과이기 때문입니다. 에크리튀르라는 것은 무엇일까요? 여기서 내용을 보다 확실히 할 필요가 있습니다. 이른바 에크리튀르라는 것은, 발화에 영향을 끼치는 것이라는 점은 명백하고 확실합니다.[2]

문자 표기에서, 원래 중국어인 한자를 번역하여 훈독하는 식

---

2 Jacques Lacan, 『Le seminare livre XVIII: D'un discours qui ne serait pas du semblant』, Seuil, Paris, 2006, p. 83.

의 문자사용을 함으로써 일본인의 발화는 조금씩 그 영향을 받아 변화해 갔다고 생각할 수 있다.

그들은 무릇 읽을 수 있을 것 같은 것은 그것이 나오는 지점에서부터 무엇이든 번역해 버립니다. 그리고 그들은 물론 그것을 필요로 하고 있습니다. 그렇지 않으면 그들은 그러한 이치를 믿지 않겠지요. 이러한 방식으로 그들은 자신에게 설명하는 겁니다.[3]

라캉이 일본인에 대해 이러한 의견을 가졌을 때 그가 염두에 두고 있었던 것은 훈독에서 나타나는 자동번역 언어로서 일본어의 특이성이다.

자동번역 언어를 메타−언어로 바꿔 말해도 좋을 것이다. 일본어 문자에 번역적 요소가 포함되어 있음은, 무의식 속에서 일본인은 자신이 말하는 것을 일단 대상화, 메타화하여 번역하는 데서 비롯된다. 라캉은 말하는 존재인 인간 주체에게 메타−언어라는 것은 존재하지 않는다고 이야기하고 있지만, 일본어를 모국어로 하는 우리 일본인에게 있어서는 사정이 달라진다.

---

3 「日本の読者によせて」, p. 2.

사실은 말하는 사람을 위해서는, 음독(l'on‑yomi)은 훈독(le kun‑yomi)을 주석하는 것으로 충분합니다. 음독과 훈독이 서로 서로 맞물리는 집게발pinchers을 이루는데, 갓 구운 고프르(와플)가 신선하게 나오는 것을 보는 것처럼, 바로 이 집게발이야말로 서로 벗어남으로써 형성되는 것에 대한 만족입니다.

모든 나라 사람들이 운 좋게 중국어를 모국어로 말하는 것은 아닙니다. 그때 모국어는 중국어의 방언이라고나 할까요. 또 무엇보다도 중요한 점은 모든 나라가 모국어를 문자로 적었던 것도 아닙니다. 미지의 국어로부터 문자를 차용할 때, 모국어는 명확히 외국어 같은 것이 되어서 사고, 혹은 무의식과 말(파롤parole)의 거리가 분명히 드러납니다. 이 거리는 정신분석학에 합당하다고 생각되었던 국제어들에서 제거하기 굉장히 어려운 것이었습니다.[4]

일종의 메타‑언어인 일본어를 모국어로 하는 일본인은 따라서 사고, 무의식과 발화 사이에 괴리가 생기고, 그 결과로 발화가 탈脫리비도화 해버리게 된다. 라캉이 "정신분석학에 합당하다고 생각되었던 국제어들에서 제거하기 굉장히 어려운 것"

---

4 같은 글, p. 4. 한국어 번역은, 가라타니 고진, 「문자의 지정학」, 『네이션과 미학』, 조영일 옮김, 도서출판 b, 2009. 230‑231쪽에서 인용.

이라 말할 때, 그는 일본어를 하는 분석주체에게 전이轉移가 생기기 어려움을 가리키고 있는 것이다.

라캉이 일본에서 프로이트–라캉적인 의미의 정신분석의 적용을 의문에 붙인 두 번째의 이유는, 프롤로그에도 썼던 바와 같이 모계사회이면서 유아적 정신구조를 가지고 있는 일본인에게 오이디푸스 콤플렉스와 거세의 개념을 필두로 하는 이론과 실천을 적용하기에는 어려움이 따른다고 생각했기 때문이다.

이상과 같은 라캉의 예상을 뒷받침하듯이, 일본에서는 오늘날에 이르기까지 프로이트–라캉의 정신분석에 대해서는 이론 연구만 이루어지고 있으며, 실천과 응용은 거의 되고 있지 않다. 그 이유가 위에서 본 바와 같다고 한다면, 이 책에서 전개된 내용은 그에 대해 반론할 수 있는 분명한 전망을 가져올 수 있을 것이다. 우선 메타–언어를 모국어로 하는 일본인에게 있어 분석 세션에서 전이가 생기기 어려운 것이 문제라고 상정되었는데, 책에서 다룬 중심사례는 통상 전이가 생기지 않는 (생기기 어려운) 정신병과 자폐증이었다. 라캉주의 정신분석에서는 신경증만이 아니라 정신병과 자폐증 또한 그 대상이다.

두 번째 문제에 대해서는, 오이디푸스적이고 일신교적 아버지가 일본인의 정신구조에 친숙해지기 어려운 것이라 할지라도 책에서 다룬 보로메우스 이론은 이와 반대로 적극적으로 적용할 수 있을 것이다.

포스트모던의 막이 열렸던 1970년대, 라캉이 제창한 이론은 실은 일본인의 정신분석의 진정한 가능성을 열어 주었다는 것을 숨기고 있었다. 일시적으로 극찬을 받았던 정신분석과 라캉 이론이 1980년의 DSM-III의 출현 이후 '기운이 꺾였다', '시대착오'라고 여겨지게 된 지는 이미 오래되었다. 밀려왔다 밀려가는 사상의 파도의 흔적을 사람들은 애써 지워버리기에 여념이 없다. 죽음 충동이라는 평형상태로부터 각성하고, 인간 주체에 현실감을 되찾아주는 것을 지향하는 라캉주의 정신분석 실천. 전국 방방곡곡에 흩어져 있는 증상의 시작에서, 이 책의 인상이 어렴풋한 흔적을 남길 수 있다면 필자에게 있어 그 이상 기쁜 일은 없을 것이다.

후기

라캉의 정신분석 실천은 철저히 발화에 의거한 것이다. 카비네의 각각의 세션에서 분석주체(환자)에게 욕망·환상의 원인이 될 수 있는 분석가의 목소리, 또는 시선 앞에서 말하는 사이에 생기는 전이관계를 축으로 정신분석이 진행되지만, 분석가는 전혀 기록을 하지 않는다.

라캉은 정신분석 이론을 전달할 때도 문자에 관해서는 수식과 마템matheme(수학소), 도식만을 정리하였고, 기본적으로는 그의 신체, 목소리, 시선의 현전現前, 청중의 그에 대한 전이관계를 축으로 하여 오로지 발화만으로 30년간 세미나를 진행해 왔다. 이 스타일은 라캉의 후계자인 자크-알랭 밀레에 의해서 오늘날까지 이어지고 있다. 이토록 라캉주의 정신분석가들은 발화에 중점을 두어 왔던 것이다. 이러한 사실은 논문과 사례 기록을 뚜렷하게 남긴 프로이트와는 대조적이다. 이러한 사정이 있기 때문에 이 책에서 다룬 환자 제라르와의 대화기록은 현존하는 유일한 라캉의 임상사례 기록으로서 그만큼 중요한 텍스트라는 것을 의미한다.

프랑스 혹은 남미와 유럽 각지에서 정신분석을 공부하기 위해 파리에 집결한 이들은 모두 현재 밀레의 강의에 출석하는 것은 물론, 라캉의 강의록 시리즈인 세미나Séminaire(밀레에 의한 속기록), 에크리Ecrits(라캉의 논문집)라는 문자를 실마리로 하여 대학 또는 카르텔(한 사람의 분석가를 둘러싸고 여러 사람이 모여 진행되는 학습 모임)을 통해 이론을 공부해 나감과 동시에, 거의 예외 없이 분석을 받고 있다.

프로이트는 정신분석가가 되기 위해서는 우선 자기 자신이 분석을 받아야만 한다고 명확히 규정해 놓았기 때문에 그들의 행동이 당연하다 해야겠지만, 여기에도 마찬가지로 라캉주의 정신분석 실천은 기본적으로 발화에 의해 행해져야 하는 것이라는 정신이 일관되게 드러나고 있다. 라캉의 신체와 목소리를 직접 접할 수 없는 오늘날, 세미나와 에크리라는 문자에 기댈 수밖에 없다는 아쉬움은 남아 있다고 할지라도.

돌이켜 생각하면, 이와 같은 사정은 라캉에게 흥미를 가지고 있는 일본의 우리에게 불리한 점이 아닐 수 없다. 다른 나라와 비교해 보더라도 세미나, 에크리, 라캉의 해설서 등 라캉과 관련된 글들이 충실함에도 불구하고 정작 라캉주의 정신분석가가 거의 없다는 사실은 라캉 이론을 바르게 이해하는 데 있어 커다란 한계가 아닐 수 없다. 라캉의 정신분석은 철학사상에만 이바지하는 것이고 실천에는 도움이 되지 않는다는 식의 오독이 유독 두드러지게 나타나고 있는 까닭이다.

이리하여 연수 시절에 임상적 측면에서 라캉의 정신분석에 흥미를 가졌던 나는 5년 반 동안의 정신과 의사로서의 경험을 거쳐 2006년 10월부터 5년 반 동안 파리에서 유학하게 되었다. 당연히도 나는 이 기간 중 처음부터 분석을 받았고, 도중에 컨트롤(이른바 슈퍼비전)도 시작했다. 이는 귀국한 오늘날에도 계속되고 있다.

귀국 후에는 2013년 4월부터 나고야 대학 대학원 의학계 연구과 스즈키 구니후미鈴木國文 교수, 독립행정법인 국립병원기구 히가시오와리東尾張 병원 원장 후나하시 다츠히데舟橋龍秀 선생의 호의로 이 병원에서 근무하고 있다. 병원은 심리상실 등 의료관찰법에 기초한 지정입원병동도 있는데, 라캉 자신도 정신과 의사로서 출발은 사법정신의학의 분야였다.

이 책에서 다룬 전기·후기 라캉이라는 구별은 그가 루돌프 뢰

벤슈타인Rudolph Loewenstein의 분석을 받고 정신분석가로서
본격적으로 활동하기 시작한 1950년대 이후를 상정한 것으로,
1930년대와 1940년대 현상학적 정신의학에 경도되어 있던 시
대의 라캉은 사법정신의학에 관련한 뛰어난 족적도 다수 남기
고 있다.

그렇다 하더라도 현재 일본에서의 의료관찰법에 따른 치료는
영국을 모델로 하고 있기 때문에, 정신의학적인 접근으로서는
인지행동요법과 약물치료를 병행하는 것이 대부분이어서 실제
로 임상에 관련되는 경우 다양한 딜레마에 직면하게 된다.
예를 들면 이 책에서도 말한 바와 같이, 라캉주의 임상에서는
망상이라는 것은 마이너스의 측면뿐이 아니라 거울단계 이전
상태로의 퇴행을 막고 인격 수준의 유지에 도움이 될 수 있는
플러스의 면도 있다고 여기고 있는데, 반면 인지행동요법에서
는 망상이라는 말이 교묘하게도 인지의 뒤틀림이라는 말로 슬
쩍 뒤바뀌어 그것들 모두가 교정의 대상이 되어 버린다. 사건
을 일으켜서 입원해 온 환자를 사회로 복귀시킨다는 것이 의료
관찰법의 주안점인 듯하지만, 이것만으로는 실질적으로 징벌적
개입이라는 의미 말고는 아무것도 남지 않게 된다. 더욱이 법에
저촉된 정신병 환자는 자해나 위해 행위로 유도되어 사회복귀
로의 길은 완전히 끊기게 되고 말 것이다.

과학(오감을 벗어난 세계를 포함하여, 그것들을 수식이라는 문자로 환원한 언설) 만능주의가 횡행하는 현대의, 그것도 프랑스에 비해 상대적으로 발화보다 문자가 존중받는 일본에서 라캉주의 정신분석의 언설이 지금부터 어떻게 수용될 수 있을 것인가? 사람들이 휴대전화나 인터넷상에서의 문자를 통해 직접 만나지 않는 사람과 교류하거나 교제하는 일에 여념이 없는 일본. 다른 한편으로, 파리에 비해 훨씬 인구가 많은 대도시 도쿄를 기분 나쁜 침묵이 뒤덮고 있는 일본에서 라캉주의 정신분석은 이후 어떻게 그 기능을 발휘할 수 있을 것인가?

작금 유행하고 있는 "바로 지금이지요!(今でしょ!)" [1] 가 아니라, "바로 지금뿐이지요!(今だけでしょ!)"라고 무심코 소리치고 싶은 상황. 요컨대 일부의 도착증자들이 눈앞의 이윤과 페티시즘으로서의 돈에 집착하며, 간계와 궤변을 쓰면서 타인과 이후 세대에게 갖가지 부채를 떠넘기는 경향이 완연한 지경에 이르고, '수치의 문화'로부터 '수치를 모르는 문명'으로 변화해 가는 일본 사회에 대해 라캉주의 정신분석의 언설은 어떻게 투쟁할 수 있을 것인가?

이 책은 제라르와 라캉의 대화를 일종의 희곡으로 상정해 놓고

1 　일본의 학원강사 하야시 오사무林修가 2013년 유행시킨 말.—옮긴이

구성해 본 것이다. 정신분석 장면에서는 분석주체가 자신이 말하는 문맥에서 일시적으로 다소간 히스테리화·연기자화하는 것으로 알려져 있고, 그렇기 때문에 분석 세션은 일종의 연극 공간으로 가정할 수 있다는 것이 나의 생각이었다. 연기자는 타인과 가공의 인물을 연기하는 것이 자신의 인생이다. 정신분석가와 정신과 의사는 분석주체와 환자의 인생에 머리를 싸매는 것이 인생이다. 공통적인 것이 많은 양자이지만, 사실은 소설보다도 기이해서 거의 매일 임상을 쌓아온 정신분석가, 정신과 의사로서의 인생에서 나는 이 말이 사실임을 점점 더 확신하게 되었다.

예상을 뛰어넘는 환자의 인생과 만날 때 곤혹과 동시에 느끼는 놀람과 감동이, 결코 쉬운 일이라고 할 수 없는 이 직업에 임하는 데 추진력이 되고 있다고 생각한다. 그러나 원동력이 있다고 한다면, 그것은 파리 유학 시절부터 받아왔던 정신분석을 통해 나의 인생 그 자체를 되돌아보게 된 그것임에 틀림없다.

이 책에서 다룬, 제라르와 라캉의 대화기록, 그리고 그의 생탄 병원에서의 주치의였던 체르마크 박사가 정리한 병력기록은 ECF의 도서관에 소장되어 있던 것으로, 이것들의 일본어 번역과 출판에 대해서는 자크–알랭 밀레로부터 승낙을 받았다.

덧붙이자면, 이 대화기록은 영어판으로는 슈나이더만이 엮은 책(Stuart Schneiderman,『How Lacan's ideas are used in clinical practice』, Jason Aronson Inc.,1993)에, 프랑스어판은 체르마크 박사 본인이 쓴 저서(Marcel Czermak,『Patronymies considérations cliniques sur les psychoses』, Éditions érès, 2012)에 소개되어 있는데, 일본어판으로는 이 책에서 처음으로 공개되는 셈이다.

또한 책의 출판에 즈음하여, 2012년 2월 도쿄 대학의 '공생을 위한 국제철학연구센터'가 주최한 연구회에 이 대학의 대학원 총합문화연구과의 하라 카즈유키原和之 교수에게 초대받아 그곳에서 제라르와 라캉의 대화기록을 발표했다. 그날 참가한 여러 분들부터 받은 소중한 의견을 내 안에서 반추하여 이 책에 반영하려 했다.

끝으로 이 책을 펴낸 진분쇼인人文書院의 마쓰오카 타카히로松岡隆浩 씨는 파리에서 나의 분석과 콘트롤을 담당하고 있던 에릭 로랑(자크 알랭 밀레와 1981년에 ECF를 세운 인물)이 2012년 10월에 교토 대학에 초빙되었을 때(주최: 츠이키 코우스케立木康介 교토 대학 인문과학연구소 준교수, 오오야마 야스히로大山泰宏 교토 대학 대학원 교육학연구과 준교수) 처음으로 만났고, 그때 이 책의 구상에 대해 이야기한 후로 일관되게 책의 출판에 힘써주었다. 끝으로 감사의 말씀을 드리고 싶다.

배우는 이미 사라졌다. 저자는 슬슬 자신의 모놀로그에 종지부
를 찍으려 한다.

2014년 6월 나고야에서

고바야시 요시키

라캉, 환자와의 대화
오이디푸스를 넘어서

제1판 제1쇄 2017년 3월 20일
제1판 제3쇄 2021년 07월 15일

지은이 | 자크 라캉·고바야시 요시키
옮긴이 | 이정민
펴낸이 | 연주희

펴낸곳 | 에디투스
등록번호 | 2015년 6월 23일 제2015-000055호
주소 | 13590 경기도 성남시 분당구 황새울로351번길 10, 401호
전화 | 070-8777-4065
팩스 | 0303-3445-4065

전자우편 | editus@editus.co.kr
홈페이지 | www.editus.co.kr

ISBN 979-11-960073-0-0

에디투스의 인문 교양 플랜 1—주제들(THEMEN)

무지와 등을 맞댄 낙관이 출렁이는 시대는 위태롭다. 지(知)의 저수지는 바닥이 드러났는데, 지식과 정보가 넘쳐나는 풍경은 기이하기조차 하다. '주제들' 시리즈는 이 사유의 불모에 놓이는 지혜의 묘판(苗板)이고자 한다. 책은 작고 얇지만, 여기에 담긴 인문적 사유의 가치는 결코 만만치 않은 것들이다. '석학들의 작은 강연'이라 부를 수도 있는 이 텍스트들이 던지는 주제가 무엇이든, 그것이 모순된 시대를 응시하는 시선을 깊고 풍부하게 할 것임을 의심하지 않는다.

1. 장 볼락, 『파울 첼란 / 유대화된 독일인들 사이에서』, 윤정민 옮김

2. 게르하르트 노이만, 『실패한 시작과 열린 결말 / 프란츠 카프카의 시적 인류학』, 신동화 옮김

3. 데이비드 E. 웰버리, 『현대문학에서 쇼펜하우어가 남긴 것』, 이지연 옮김

4. 세스 베나르데테, 『소크라테스와 플라톤의 사랑의 변증법』, 문규민 옮김

5. 폴 A. 캔터, 『양심을 지닌 아킬레스 / 맥베스와 스코틀랜드의 복음화』, 권오숙 옮김

6. 호르스트 브레데캄프, 『재현과 형식 / 르네상스의 이미지 마법』, 이정민 옮김

7. 데이비드 E. 웰버리, 『괴테의 파우스트 / 비극적 형식에 대한 성찰』, 이강진 옮김

'주제들' 시리즈는 계속 출간됩니다.